AF453670

AMOURS, GALANTERIES, INTRIGUES,

RUSES ET CRIMES

DES

CAPUCINS ET DES RELIGIEUSES.

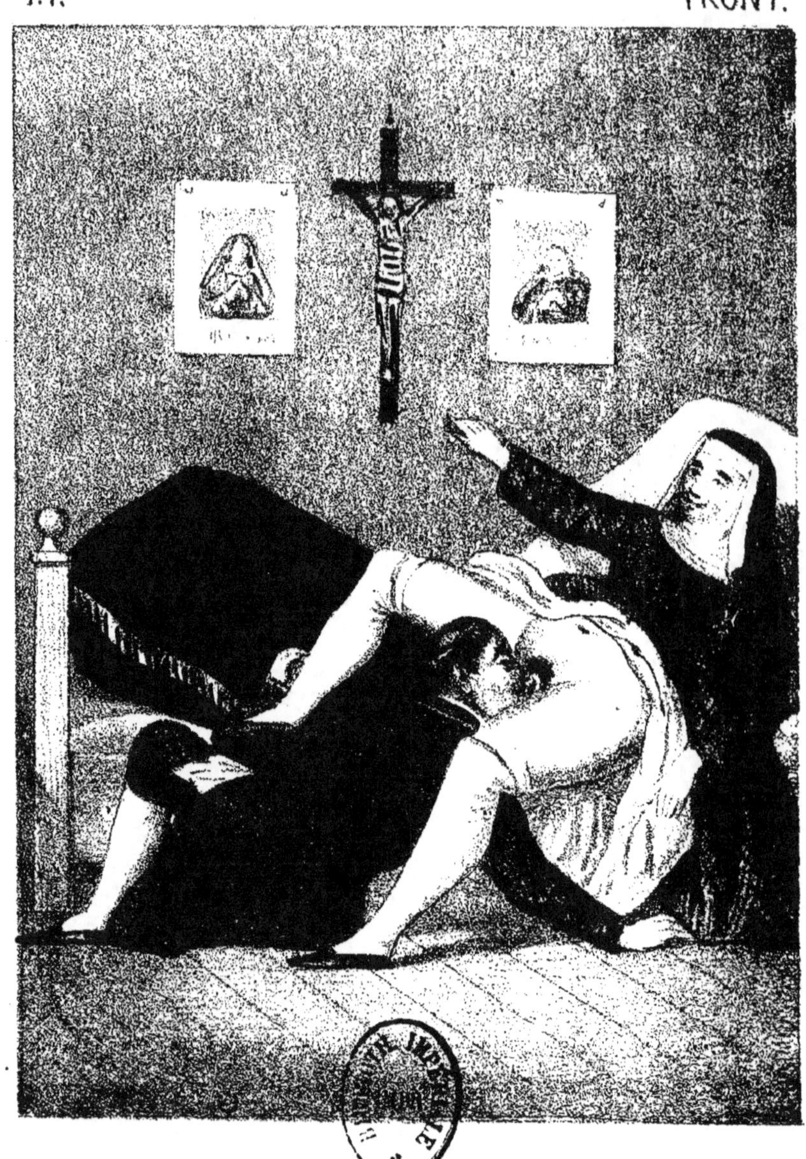

CONFESSION DE L'ABBESSE

AMOURS,

GALANTERIES, INTRIGUES,

Ruses et crimes

DES

CAPUCINS ET DES RELIGIEUSES,

depuis les temps les plus reculés jusqu'à nos jours,

PAR UN R. PÈRE.

TOME PREMIER.

AMSTERDAM ET PARIS.

1788.

PRÉFACE.

Entrer difficilement en religion doit et eût dû toujours être le principe d'un Etat bien gouverné; en effet, la religion exige de l'homme une très-grande pureté dans les mœurs. Il faut donc que toute personne religieuse ait des mœurs pures, et, à bien plus forte raison, les hommes et les femmes qui font une profession de l'état religieux. Mais pour pouvoir atteindre ce degré de perfection il ne faut pas que celui qui se voue à cet état soit contraint; on doit lui laisser une parfaite liberté; il convient qu'il essaie ses forces en combattant ses passions pendant plusieurs années. Or, c'est ce qui n'était pas au temps où les institutions monastiques existaient. Lorsqu'un père de famille avait beaucoup d'enfants, il se croyait en droit de faire entrer par un moyen quelconque son fils ou sa fille dans un cloître pour y passer sa vie tout entière. Cette contrainte produisait de grands désordres, que l'on connaîtra en lisant l'histoire des amours des capucins et des religieuses contenue dans cet ouvrage, et celle des moines en général, qui fait l'objet d'un ouvage séparé. (Il se vend à Paris chez le même libraire). On est assez porté à excuser les amours des religieux et des religieuses qui ont été forcés de faire vœu de chasteté; mais est-on enclin à la même indulgence en faveur des paresseux, hommes ou femmes, qui entraient dans les cloîtres pour se soustraire à l'indigence, et qui ensuite se livraient à tous les débordements de la débauche? Et d'ailleurs les couvents sont-ils essentiels à la constitution d'un Etat? Jésus-Christ a-t-il institué des moines et des religieuses? L'Eglise ne peut-elle absolument s'en passer? Dieu, qui a créé l'homme pour la société, approuve-t-il qu'il se renferme dans un lieu solitaire? Où est donc l'utilité des institutions monastiques? La loi qui les abolit fut une loi sage; mais il ne faudrait pas rétrograder, rétablir un abus absurde détruit pour de justes motifs. Néanmoins, chose dont on ne put se rendre raison, il était question dernièrement, à la Chambre des députés, du rétablissement de certains couvents; plusieurs journaux en ont fait mention. Nous avons cru que ces circonstances étaient très-opportunes pour dévoiler au public l'histoire des amours claustrales. Notre but est de faire savoir au public, en lui procurant une agréable récréation, que les moines et les religieuses n'étaient pas toujours occupés dans leurs retraites aux exercices de piété auxquels ils se livraient ordinairement par routine et qui ne valaient pas une obole que l'homme vraiment pieux donne aux pauvres. Ces faux dévots étaient souvent si éloignés de la pureté prescrite par les lois canoniques, que les laïques séculiers les moins intéressés à passer pour scrupuleux rougiraient quelquefois de s'être livrés aux excès du libertinage dans lesquels se sont vautrés un grand nombre de moines impudiques et de vierges folles.

Introduction.

Des religieuses en général.

Dès les premiers temps du christianisme, il se trouva des femmes qui sacrifiaient à Dieu ce penchant pour les plaisirs que Dieu a donné à leur sexe; mais ce ne fut qu'au quatrième siècle qu'elles exilèrent leur vertu entre quatre murailles et qu'elles vécurent sous une règle commune. Dans les Gaules, des couvents de religieuses furent élevés dès le cinquième siècle. Saint Léon avait défendu qu'on donnât le voile aux femmes avant l'âge de quarante ans. Les pères du concile de Trente décidèrent qu'une fille pouvait faire ses vœux à seize ans; mais un édit du mois de mars 1768 fixa à dix-huit ans l'âge de la profession pour les femmes.

Le vœu était la promesse solennelle que faisaient à Dieu les religieuses de vivre pauvres, chastes, obéissantes, et de ne jamais sortir du cloître.

Les faits que nous avons à rapporter au sujet des religieuses n'ont pas de date plus ancienne que le onzième siècle; ce n'est pas que dans les temps antérieurs il ne se soit trouvé de religieuse qui aient failli; mais les historiens que nous avons consultés, quoiqu'en grand nombre, n'en ayant pas parlé, nous nous abstenons de rapporter aucune anecdote.

Des capucins.

Jean Bernadion, surnommé François, parce que, dit-on, il apprit facilement la langue française, était fils d'un riche marchand d'Assises, ville d'Italie. Il mena une vie licencieuse pendant sa jeunesse, qu'il passa sous les armes. Ayant été fait prisonnier, il fut mis dans les cachots de Pérouse, où il devait rester un an.

Peu après être sorti du cachot, où il avait fait de salutaires réflexions, le ciel le conduisit dans une église au moment où le prêtre prononçait ces paroles de l'Evangile : *Ne possédez ni or, ni argent, ni sacs, ni chaussures.* François fut vivement frappé. Il se rendit chez son père, où se trouvaient l'évêque et quelques autres personnages de distinction; et, foulant à ses pieds toute fausse honte, il se déshabilla entièrement aux yeux de la société. Quelques-uns des assistants s'empressèrent de couvrir sa nudité avec la tunique d'un pauvre berger, et dès cet instant ce misérable vêtement, adopté par le saint, devint l'insigne d'un ordre qui devait remplir toute la terre.

Il fonda un ordre de religieux, sous le nom de *frères mineurs*, qui fut adopté au concile général de Soissons en 1215.

François, touchant à son heure dernière, laissa un testament contenant les règlements suivants : 1° un jeûne presque continuel; 2° défense d'aller à cheval et de porter des souliers; 3° défense de recevoir des femmes; 4° défense de dire quoi que ce soit, mien ou tien; 5° défense de demander ou de recevoir des lettres ou présents en cachette; 6° défense de se faire payer pour les funérailles; 7° défense de mander dans les monastères des nonnes, etc. Il termina aussi par une défense expresse de donner aucune dérogation à la règle. Mais l'esprit de chicane ne permit pas cette simplicité. Il se forma deux partis parmi les mineurs, celui des *spirituels* et celui des *observantins*.

Enfin, en 1524, l'un d'entre les frères franciscains, Mathieu de Basli ou Baschi, méditant en silence une éclatante réforme, Dieu lui fit trouver miraculeusement le véritable capuchon de saint François.

Transporté de joie et saisi d'un saint respect, Mathieu le baisa plusieurs fois, l'arrosa de ses larmes, en prit la forme, la mesure et la dimension, et alla faire part de sa découverte à ses supérieurs. Ceux-ci, craignant que cette réforme ne les fit rougir de leur propre règlement, eurent la cruauté de le jeter dans un cachot, où, pendant quatre mois, avec deux de ses frères, il fut tourmenté par la faim, la soif et le fouet. Ces trois moines furent relâchés par ordre du pape; ils en obtinrent un bref en 1526, qui leur permettait de vivre selon le premier esprit de la règle; et parce que cela paraissait horrible chez les impurs franciscains, ils se retirèrent dans un ermitage. Mais le diable suscita contre eux le ministre provincial des cordeliers, qui, à la tête d'une troupe d'archers, les poursuivit longtemps, les traitant de séditieux et d'apostats. Enfin, persécutés de tous côtés, ils se mirent sous la protection du duc de Camerin, qui les déroba à la fureur des cordeliers, et obtint en 1528 du pape Clément VII une bulle par laquelle il leur était permis de vivre dans les ermitages et de porter la barbe avec un capuchon pyramidal.

Dès lors le rasoir ne passa plus sur leur menton. Les enfants qui les virent passer, frappés de la forme de leur capuchon, les suivirent en criant après eux : *capucins! capucins!* Les bons frères, qui n'avaient pas encore de nom, adoptèrent ce dernier.

Le cardinal de Lorraine, retournant du concile de Trente, amena en France quatre frères capucins; il les établit, en 1564, dans une partie de son parc de Meudon. Après la mort de ce cardinal, ces moines retournèrent en Italie.

En 1574, Pierre Deschamps, qui de cordelier s'était fait capucin, vint d'Italie établir à Paris une autre colonie de cette espèce. Il forma au village de Picpus un couvent de frères mineurs nommés capucins, à cause de la forme pointue de leur capuchon.

Bientôt après arriva de Venise en France le frère Pacifique, qui, en qualité de commissaire-général de son ordre et favorisé par la faction du pape, du roi d'Espagne et des Guise et par Catherine de Médicis, instrument de cette faction, réunit aux capucins de Picpus douze autres moines de la même espèce, qu'il avait amenés d'Italie, et les établit dans un emplacement que leur donna cette reine au faubourg Saint-Honoré.

Henri III, par lettres-patentes du mois de juillet 1576, les prit sous sa protection et sauvegarde spéciale.

Vie voluptueuse entre les capucins et les nonnes. Confession d'un frère de l'ordre.

C'est ce frère capucin qui parle :

Ayant vécu longtemps parmi les capucins, dit-il, je puis parler savamment des principales ruses de ces fourbes. Quelque temps après que je fus entré au couvent, je fus nommé quêteur du plus grand couvent de France. Il est vrai que j'étais très-propre au métier. Je fus destiné à l'exercice de cet important ministère, sous la direction du frère Félix, qu'on peut appeler le cynisme masqué ou le père des fourbes. C'est lui qui m'enseigna les intrigues du capucinage. Je fus même appelé dans la suite à succéder à ce grand politique.

On me faisait une liste de toutes les maisons où je devais entrer ; je m'y rendais portant une grosse bouteille et deux besaces. On me donnait

à l'envi, de sorte que j'étais obligé d'aller me dé-
charger de temps en temps du vin, du pain, de la
viande, etc., que l'on m'avait donnés. Comme nous
avions des femmes dévotes dans notre ordre, ré-
pandues dans presque tous les quartiers, c'était
chez elles que je faisais mes dépôts. Le frère Félix
ne se donnait la peine que deux fois par an d'aller
rendre visite aux personnes qui nous donnaient les vivres. C'est alors qu'il composait son
visage pour avoir l'air de paraître changé et
défait. Il n'était jamais entré en conversation
avec un de nos bienfaiteurs, et nous faisait une
peinture de l'extrémité où la communauté se
trouvait réduite, mais une peinture si touchante,
qu'il accompagnait de larmes, si bien qu'il y a
peu de personnes qui ne se laissassent toucher,
et consentaient à être inscrites sur la liste des
bienfaiteurs du couvent, afin de participer aux
prières continuelles qu'il disait qu'on ferait pour
leur prospérité.

Il connaissait tous les commissaires de Paris et
savait gagner leurs bonnes grâces pour qu'ils
donnassent à notre couvent les confiscations de
pain et de viande qui se font si fréquemment dans
Paris.

Mon devoir était, lorsque le père Félix avait fait sa visite, d'aller avec une copie de sa liste chercher les provisions de bouche. Nous en amassions trois fois plus qu'il ne nous en fallait, quoique le nombre des capucins s'élevât à près de trois cents, répartis en quatre couvents de notre ordre.

Après avoir exercé quatre ans les fonctions de quêteur, je priai le provincial de vouloir bien me donner un autre emploi. Ce révérend père, satisfait du compte exact que je lui rendis de tout ce que j'avais fait, me fit son compagnon extraordinaire, et me promit que je ne ferais rien qu'à ma volonté. J'acceptai avec plaisir ce nouvel emploi, sans en prévoir les suites fâcheuses. De son côté, le provincial ne prévoyait pas que je découvrirais la vie licencieuse et débauchée qu'ils mènent, et les ruses qu'ils emploient pour parvenir à leurs desseins.

Lorsqu'ils sortent, ils ont bien soin d'ordonner leur couronne de bien peigner et friser leur barbe. Ils se lavent les mains, les pieds et les jambes avec des herbes odoriférantes. Ils prennent des caleçons blancs qu'ils appellent mutandes, se rasent le poil des jambes, se munissent de cachets en devises, de tablettes, d'étuis garnis, de ci·

seaux et d'autres bagatelles pour faire présent aux demoiselles.

Quand ils vont chez une bigote qui a une fille ou une parente, ou une demoiselle bien faite, ils mettent la bigote dans la ruelle d'un lit, dans un cabinet ou dans une antichambre, tandis que le compagnon du père éprouve les inclinations de la belle.

Si le directeur trouve un objet facile et tendre, il lui conte des histoires pour favoriser ses inclinations; s'il trouve cette fille portée à la dévotion, il lui fait présent de chapelets et d'autres bagatelles de dévotion; si elle est galante et curieuse, il lui donne des cachets de devises, des tablettes et autres choses semblables; et s'il voit qu'elle aime les plaisirs qu'il recherche, il lui procure ce qu'elle désire.

Lorsque les capucins trouvent une femme d'une humeur libre, ils s'émancipent, parlent sans garder de mesure, et comme ils connaissent le fond du cœur de ces femmes par le moyen de leurs confessions, ils s'insinuent aisément et obtiennent ce qu'ils désirent.

Lorsque le maître de la maison a de l'estime pour eux, et s'ils en sont les directeurs, ils prennent leur temps pour aller au logis quand il n'y est pas, et s'entretiennent des bonnes intentions que le maître a pour sa famille et du désir qu'il a de l'élever dans des sentiments de vertu.

S'ils voient d'ailleurs qu'une femme est mécontente de son mari, et qu'elle les prie de le disposer à changer de vie, ils lui promettent de faire tous leurs efforts pour le ramener à une meilleure conduite; et s'ils voient que cette famille ait besoin de leurs services, ils se rendent plus familiers, se lèvent et se promènent dans la chambre, ôtent leurs manteaux, s'approchent du feu; et s'il y a quelque femme qui les charme, ils lèvent leur robe, font voir une jambe blanche, bien faite, et quelquefois montrent la cuisse et la mutande pour tenter la chair par la chair même.

Lors des premières visites, ils ne s'émancipent pas d'ordinaire tout-à-fait; ils promettent seulement de venir rendre réponse de ce qu'ils obtiendront sur l'esprit du père ou du mari. On les en conjure et on les laisse sortir avec regret.

S'ils rencontrent quelque bigote dont l'inclination soit portée au vin, ce qu'ils apprennent par leurs confessions, ils abusent de leur faiblesse et se servent des déclarations qu'elles leur ont faites dans leurs confidences, en sorte que les confessionnaux, qui ne sont établis que pour retirer les pécheurs du crime, sont convertis en écoles d'impureté et en rendez-vous pour recevoir des assignations amoureuses.

Ils s'assemblent pour se donner des avis réciproques sur les moyens les plus sûrs pour contenter leur luxure, sans courir le danger d'être découverts.

Ce qui favorise le plus leurs dépravations, ce sont les jours de fêtes solennelles, où une abondance de dévotes viennent à leurs pieds s'accuser de leurs fautes, et amènent avec elles leurs filles, leurs nièces ou leurs parentes. Les capucins les examinent eu particulier. S'ils les reconnaissent portées à l'amour, ils leur disent de tâcher de rejeter ces pensées criminelles jusqu'à ce qu'ils aillent en leurs maisons, parce que leurs occupations actuelles ne leur permettent pas de leur donner sur-le-champ des moyens de n'être plus attaquées, mais qu'ils se font fort, étant dans leurs maisons, de leur donner des instructions pour n'être plus attaquées. Ils ne manquent pas de se rendre en leurs demeures, et ils s'entretiennent avec ces dévotes de choses saintes si elles sont scrupuleuses, et au contraire ils cherchent à les séduire s'ils croient pouvoir reussir.

Aventure d'un capucin-directeur avec une dame de qualité.

Un de mes plus intimes amis me raconta un jour une aventure arrivée à un père directeur. Il me mena, dit-il, dans un logis, dont il connaissait le maître, comme étant son confesseur; il avait promis à la femme de le réduire à suivre ses volontés. Arrivés là, il l'attira dans un lieu où ils ne pouvaient être vus de personne. Il entama la conversation; il feignit d'abord d'avoir vu le mari, quoiqu'en effet il ne lui eût point parlé. Je m'étonne, continua t-il, qu'un homme dévot ait de si mauvais sentiments à l'égard de sa famille; mais si vous voulez me promettre par serment de ne rien révéler de ce que je vais vous enseigner, je vous indiquerai un moyen certain d'assurer votre repos. Elle lui jura ce qu'il voulut; il n'y a rien qu'une femme irritée ne s'engage à faire quand elle croit que l'on veut embrasser son parti et qu'on peut la venger.

Je vous conseille, madame, lui dit il, de n'avoir

plus aucun égard pour lui, de lui retirer toute votre tendresse et de le traiter avec rigueur.C'est un homme qui, sous le voile de l'hypocrisie, ne cherche que votre porte, et dont l'âme est si noire qu'il s'est accusé en confession d'avoir voulu vous empoisonner. J'ai eu toutes les peines imaginables pour le détourner de ce crime horrible. Vous devez vous tenir sur vos gardes, de crainte qu'un jour il ne l'exécute.

Cette femme, d'ailleurs courroucée contre son mari, entra dans une colère affreuse, prononça mille invectives contre son mari, et dit qu'il n'y avait rien qu'elle ne fît pour tirer vengeance de son infamie. J'aurais tort, dit le capucin, de combattre votre ressentiment; je le trouve si juste que je prêterai volontiers mon appui à votre vengeance; car, continua-t-il, est-il rien de plus condamnable, de plus infâme, que sa conduite envers vous, envers une femme belle, bien faite, douce et douée des plus rares qualités? Combien y en a-t-il dont la vertu succomberait et qui chercheraient, sans être blâmables, dans une vengeance douce la punition de ses fautes? Oui, madame, je connais mille femmes qui n'auraient pas eu tant de retenue, et qui le traiteraient suivant ce que leur ressentiment leur prescrit; et quand elles viendraient m'en faire la déclaration, je ne les en blâmerais pas.

J'ai été toujours vertueuse, dit alors cette dame, je me suis toujours conduite avec toute l'honnêteté possible; mais je perdrai dorénavant toute sorte de considération, et ne garderai plus aucunes mesures. Je suis en droit de tout faire contre mon mari, et quand l'occasion s'en présentera, je ne m'en abstiendrai plus. Il y a un an et plus qu'il ne m'a touchée; mais je jouirai avec un autre des douceurs que je ne puis goûter avec lui.

Le fourbe capucin n'a garde de laisser échapper une occasion si favorable; au commencement il combat mollement les emportements de la dame avec des exemples pernicieux; et, excitant ainsi le désir de la vengeance de cette femme, il l'amène au point où il veut en venir. Il y a longtemps, aimable dame, que je vous adore en secret, mais jamais je n'ai trouvé une occasion favorable de vous avouer le feu qui me consume ; enfin, le ciel favorable à mes vœux me fournit cette occasion opportune. Je vous conjure, adorable.... de ne pas retarder le moment de mon

bonheur; jamais peut-être un moment plus op-
portun ne s'offrirait. Ah! laissez-vous toucher par
le plus vif et le plus tendre amour. En finissant
ces mots, il pousse la hardiesse à prendre un
baiser sur la bouche de la dame. Celle-ci, repre-
nant un peu ses esprits, lui répond qu'elle ne
croyait pas que les capucins eussent des désirs si
contraires à ce qu'ils enseignaient. Pouvais-je
croire, monsieur, que vous, qui tous les jours
dans vos sermons vous déchaînez contre les vo-
luptueux, vous me feriez de semblables proposi-
tions?—Hélas! madame, que vous connaissez mal
les forces de l'amour si vous croyez qu'il soit au
pouvoir d'un homme d'y résister. Non, madame,
continua-t-il en l'embrassant et la pressant contre
son cœur, ne me considérez pas comme un religieux, mais comme un amant fidèle et sincère, qui
fait consister son unique bonheur dans la posses-
sion de vos charmes.

Ces paroles tendres surprirent cette dame; elle
vit dans les yeux du moine les preuves du feu qui
le consumait. L'espoir de la jouissance dans les
bras du capucin amoureux, le désir de la vengeance
les négligences de son mari, firent oublier son
devoir à cette dame; elle céda. Le capucin, étant

parvenu à son but, continua longtemps ce train de vie avec elle, en entretenant la discorde dans la maison.

Aventure du frère qui raconte les histoires et d'un prédicateur de son ordre, dans la maison d'un riche bourgeois.

Un prédicateur, dont le compagnon était par hasard à la campagne, me pria de lui tenir compagnie un jour seulement. Le gardien le permit. Nous partîmes du couvent le matin, après avoir déjeuné. Il fit quelques visites chez quelques-uns de ses amis, et la dernière fut chez un riche bourgeois. Nous trouvâmes sa femme au logis en habit négligé, mais très-propre. Cela lui seyait si bien qu'elle eût tenté l'homme le moins porté à l'amour. Dès que nous arrivâmes, elle montra assez de réserve, ne me connaissant pas; mais le père lui dit que j'étais de ses amis, et elle se mit dans son train ordinaire. Elle se montra enjouée et galante. Je craignais, dit-elle, que vous ne vinssiez pas, car mon mari ne doit revenir que ce soir.— Peu s'en est fallu, en effet, que je ne vinsse pas, mais heureusement j'ai trouvé un fidèle compagnon et je me suis résolu à venir.

La conversation ne dura qu'un instant; on servit bientôt à dîner. La partie fut carrée, car la fille de chambre se joignit à nous. Elle était de l'humeur de sa maîtresse et je prévis qu'elle pourrait être mon fait.

Nous dînâmes gaiement, nous bûmes d'excellent vin et en grande abondance, la bonne chère ne fut pas épargnée. Le repas fini, le prédicateur mit son manteau sur des chaises et prit la dame d'une façon qui me fit assez connaître qu'ils étaient très-familiers. Il la porta dans un cabinet voisin où se trouvait un lit de repos fort propre et fort commode pour ce qu'ils voulaient faire. Je me trouvai seul près du feu avec la demoiselle qui, plus jeune que sa maîtresse, me parut plus belle qu'elle. Mais j'avais tant de timidité que malgré mon bon désir je n'osais m'approcher de cette aimable fille. Je me mis dans un coin sans oser lever les yeux, et j'étais en danger de rester dans cet état de stupidité, si cette demoiselle, qui s'aperçut de ma faiblesse, n'eût fait les premières avances. Elle me sourit amoureusement, mais cela n'aurait pas suffi si elle ne se fût jetée à mon cou

en me disant : Quoi, mon frère, resterons-nous dans l'inaction tandis que les autres jouissent des plus grands plaisirs? Ces paroles me tirèrent de ma stupidité; je la saisis, l'emportai sur le lit, et nous nous livrâmes aux plus tendres ébats.

Nous eûmes plus tôt fini que nos compagnons, et étant forcée par quelque nécessité naturelle, de descendre au bas de la maison, j'entendis frapper à la porte, et ne voulant pas donner a ma belle le temps de descendre, j'allai malheureusement ouvrir. C'était le maître de la maison, que je ne connaissais pas. Il me salua : Bonjour, mon frère, pourquoi vous êtes-vous donné la peine de m'ouvrir? Après ces mots il monte, ouvre sa chambre, et trouve sa femme et le père endormis entrelacés l'un dans l'autre. Il ferme la porte doucement, de crainte d'éveiller le couple d'amants, et après avoir fait deux tours dans la chambre, il me demanda ce que j'étais venu faire là et s'il y avait longtemps que j'y étais. L'altération que je remarquai sur son visage me rendit interdit, mais la demoiselle lui répondit que nous venions d'entrer. — Vous n'y resterez pas longtemps, dit-il, je vais vous faire changer de logis. Il regarda par la fenêtre, appela un savetier, son

voisin, et le pria d'aller quérir le commissaire.
Celui-ci étant arrivé, le maître de la maison lui
jeta la clef par la fenêtre, parce qu'il voulait rester dans la chambre avec nous pour empêcher le
commissaire d'être prévenu et pour que nous ne
pussions éveiller les endormis. Aussitôt que le
commissaire fut entré dans la chambre. — Monsieur, lui dit-il, je sais que ces charmes n'ont pas
de pouvoir contre la justice; c'est pourquoi je
vous ai fait appeler pour vous saisir d'un sorcier
qui a pris ma ressemblance sous l'habit d'un capucin afin de jouir de ma femme. Je suis trop
persuadé qu'elle est vertueuse pour croire qu'elle
pût, sans être surprise, faire quelque chose contre
son honneur, et d'un autre côté je ne puis croire
que ce soit un véritable capucin. Eclaircissons
ce mystère. A ces mots il ouvre la porte et éveille
les deux amants.

Le mari est étrangement étonné en voyant
que ce capucin est son neveu, et celui-ci ne l'est
pas moins de la présence de son oncle; mais la
femme est bien plus surprise qu'aucun de nous
lorsqu'elle s'aperçoit que son mari la surprend
toute nue, ses bras et ses jambes entremêlés à
ceux du capucin.

Le commissaire, qui était un homme d'esprit, nous fut dans cette circonstance d'un grand secours. — Quoi! dit-il, monsieur, en s'adressant au mari, est-ce ainsi que l'on se joue de la justice? vous mériteriez que je vous fisse éprouver des marques de mon ressentiment pour m'avoir fait venir chez vous afin de me rendre l'objet de vos railleries. Si quelques considérations ne me retenaient je vous en ferais porter la peine; et vous, mes pères, dit-il en s'adressant à nous, je m'étonne que vous ayez consenti à suivre les conseils du maître du logis pour une chose semblable; mais la vénération que j'ai pour votre ordre me fait passer sur les considérations de mon honneur et de mes intérêts, autrement je vous mènerais tous trois au Châtelet, où vous auriez à répondre sur le peu de respect que vous m'avez témoigné quoique je sois revêtu d'une charge que l'on respecte et honore.

Le capucin, connaissant la finesse de son oncle, fit semblant de lui demander pardon, en lui affirmant qu'il ne pensait pas qu'il prît la chose ainsi et qu'il s'imaginait bien qu'il serait le premier à rire de cette aventure.

Le mari jurait et attestait par des serments

exécrables que ce n'était pas une raillerie, qu'il venait de la campagne, et qu'il les avait trouvés couchés ensemble. Mais ses serments et ses protestations furent inutiles; plus il s'obstinait à soutenir ce qu'il avait avancé, plus nous nous obstinions avec le commissaire à soutenir le contraire. Enfin, nous sortîmes de la maison. Le commissaire fit semblant de nous réprimander, et fit des reproches au mari, lui disant qu'il ait une autre fois plus de conduite, et ne s'avisât pas de lui faire de semblables tours. Nous le laissâmes avec sa femme, celle-ci fut mise un peu après aux Madelonnettes. Nous retournâmes au couvent après avoir bien remercié notre libérateur, et l'avoir prié instamment de garder le secret.

Depuis cette aventure, qui aurait dû me faire éviter des dangers semblables, je ne laissai échapper aucune occasion où je pourrais prendre des plaisirs, tant l'amour a de puissance sur les jeunes gens. Il est vrai que j'étais poussé par le prédicateur, qui me contait toutes ses intrigues et celles de plus de vingt de nos pères, qui me reçurent dans leur confidence, et à qui je servis de compagnon en plusieurs bonnes rencontres.

Voyage avec le provincial et son secrétaire. Aventures agréables de ce voyage.

Le premier voyage que je fis, ce fut pour accompagner notre provincial à dix lieues de Paris. Il avait son secrétaire avec lui. Nous couchâmes chez un gentilhomme, qui se trouva sur notre route. Il avait une femme très-belle et une jeune sœur fort jolie. Nous arrivâmes sur les deux heures, et l'on nous offrit d'abord une collation qui valait un bon dîner. Comme c'était au mois de juin, époque où les chaleurs sont grandes, nous prîmes le frais dans les chambres, jusqu'à ce que le soleil étant près de finir sa carrière, il prit envie à nos pères d'aller dire leur bréviaire dans un bois touffu qui était au bout du jardin. Les dames restèrent dans la chambre, s'occupant à des tapisseries, et le maître de la maison se retira dans son cabinet pour écrire quelques lettres et vaquer à ses affaires particulières.

Avant de laisser sortir les pères, on se mit en devoir de pourvoir au souper. Le cuisinier était malade, et nous étions en danger de n'avoir que la broche, si le provincial, non moins friand qu'amoureux, n'eût dit à madame que j'entendais parfaitement la cuisine. Elle me pria aussitôt d'une manière galante de vouloir faire une tourte de pigeonneaux et une fricassée de poulets. Je m'y offris avec plaisir; je descendis à l'office et mis une serviette devant moi.

L'on m'apporta ce qui m'était nécessaire, et je me mis en devoir d'exécuter la commission que l'on m'avait donnée.

Au bout d'une demi-heure, mon souper étant presque prêt à être mis sur le feu, je m'aperçus qu'il me manquait des artichauts; je laissai un petit laquais que j'avais avec moi pour prendre garde à tout et j'allai au jardin en chercher moi-même.

Ce jardin était vaste. Le grand nombre des espaliers qui portaient de très-beaux fruits me fit naître la curiosité de m'avancer pour les considérer et voir si j'en trouverais quelqu'un à mon goût. J'en cueillis un, puis voyant un peu plus loin des cerises, j'y courus pour en manger; après quoi je me promenai sous un berceau de chèvre-feuille, au bout duquel était un cabinet plafonné de diverses peintures avec des filets d'or. La porte était fermée, mais voyant une fenêtre entr'ouverte, il me prit envie de regarder le dedans du cabinet. J'y aperçus le provincial tenant entre ses bras la dame du logis, dont la jupe était troussée jusqu'au-dessus des genoux, et la main du révérend père était au-dessous. J'eus le plaisir de voir des genoux ronds et aussi blancs que l'albâtre. Je me retirai promptement, de crainte d'être aperçu et de troubler la fête, ce qui m'aurait attiré quelque fustigation. Je cherchai a me cacher en quelqu'endroit du bois, en attendant l'issue de cette aventure et la sortie du provincial; mais une autre surprise m'attendait. Comme je passais dans un lieu fort couvert, j'aperçus le père secrétaire qui se leva brusquement, me vint trouver tout en sueur et me dit : Ah! frère Léonor, que je suis ravi de te voir ici, viens participer à nos joies et à nos délices. En même temps il me présenta à la sœur du gentilhomme en lui disant : Mademoiselle, je suis au désespoir de ce que la trop grande ardeur de ma passion s'est opposée à mes désirs et aux vôtres; vous avez assurément sujet de vous plaindre de moi, mais si j'ai manqué à remplir votre envie, je crois que le frère Léonor, que je vous présente, pourra vous satisfaire pleinement. —Retirez-vous, dit-elle comme en colère, il ne me fallait pas faire naître un désir pour ne pas m'en procurer la satisfaction; j'espère que ce frère pourra me contenter, et votre présence ne sert qu'à retarder les plaisirs que je m'attends à goûter avec lui.

Le secrétaire se retira, et ces paroles m'ayant instruit du combat que j'avais à soutenir, mes armes furent bientôt en état. Nous nous livrâmes aux plaisirs sans réserve, et je fis avouer à la demoiselle qu'elle était bien aise que j'eusse pris la place du secrétaire et qu'elle avait suffisamment satisfait à ses désirs. Sur ces entrefaites, le provincial arriva. Il fut si surpris de me trouver en posture qu'il pensa tomber en pamoison. Il ne savait comment il devait prendre la chose; mais la belle lui ayant conté comment l'affaire s'était passée, il se mit à rire et me dit d'un cœur paternel : courage, mon cher frère, ne discontinuez pas; cette demoiselle est aimable, il faut employer toutes vos forces à la contenter, et vous réjouir de l'heureuse occasion qui s'est offerte.

Bientôt après nous retournâmes à la maison où nous trouvâmes le secrétaire sur un lit de repos, faisant croire au maître du logis qu'il était indisposé pour avoir mangé un fruit. J'allai finir mon souper. Il fut bientôt préparé, et après avoir soupé nous allâmes nous reposer sur de bons lits jusqu'au lendemain matin. Après notre lever, nous déjeunâmes et nous prîmes congé de nos hôtes bienveillants pour nous rendre au couvent des religieuses de Fontevrault.

Aventures des trois capucins au couvent de Fontevrault.

Nos pères allaient faire dans ce couvent une neuvaine. Il est nécessaire de dire que pendant les neuvaines il est défendu expressément aux nonnes de parler à qui que ce soit qu'aux pères directeurs, afin que pendant ces neuf jours elles soient entièrement attachées à faire ce qu'ils leur ordonnent et toujours attentives à leurs discours à la grille, d'où ils ne se retirent qu'aux heures du repas. Après le repas, ils y reviennent encore jusqu'à minuit, heure des matines.

Comme ce couvent est près du château où nous avions été si bien régalés, nous y arrivâmes bientôt. Dès que les religieuses eurent appris l'arrivée de leurs directeurs, elles se rendirent toutes aux parloirs avec une modestie si grande que j'en fus d'abord étonné. Le jour elles sont toutes ensemble et s'entretiennent des affaires du monde, demandent des nouvelles de leurs parents et amis et autres choses semblables; mais le soir, qui est le temps destiné au silence, elles se retirent en de petits parloirs, dont les grilles sont larges, pour jouir pleinement de leurs directeurs les unes après les autres.

Le père provincial ne me traita pas en novice, mais en ami; il me donna la liberté de me promener où je voudrais, sans m'obliger à dire mon chapelet, comme font la plupart des sots et stupides compagnons de notre ordre. Je ne faisais donc que me récréer pendant que ces bons pères éprouvaient les esprits et attendrissaient les cœurs de ces jeunes dames. Je ne les voyais ni l'un ni l'autre qu'au dîner, parce que le soir ils ne soupaient pas, à cause des collations particulières qui se faisaient à la grille toutes les après-midi.

Il y avait déjà trois jours que j'étais dans ce couvent sans autre occupation que la promenade; mais le troisième jour, au matin, je rencontrai un frère de Paris de mes amis qui se promenait seul et était plongé dans une profonde rêverie. J'allai l'accoster et lui demandai la cause de son chagrin.

J'aime, répondit-il, et je cherche les moyens de satisfaire à mon amour. — Si je puis vous être utile, lui répondis-je, employez-moi, et je vous servirai de bon cœur. — Je ne crois pas, me répondit-il, que vous puissiez me rendre service. Toutefois, je veux bien vous instruire du sujet de mon chagrin; car nous manquons souvent de lumière dans les choses qui nous importent le plus, et ceux qui ne sont pas intéressés dans nos affaires y trouvent plus facilement des expédients, parce qu'ils ne sont pas aveuglés par la passion.

Il y a plusieurs jours que je suis ici avec un prédicateur qui est venu pour le même sujet que le père provincial. Nous avons contracté habitude avec trois religieuses fort aimables, qui ne désireraient que de se livrer entièrement aux plaisirs de l'amour. Mais les moyens de se contenter sont difficiles. Les grilles, quoique larges, empêchent que l'on puisse faire ce que l'on veut. Elles se sont avisées d'un expédient qui nous a réussi, quoi qu'il soit assez dangereux. Une de ces filles a entre ses mains les clefs du réservoir au poisson du couvent. Dans ce réservoir, il y a une grille qui s'ouvre à la clef. C'est par là que coule un petit ruisseau qui fournit l'eau; elle nous en a donné la clef et nous a dit de passer par là à deux heures du matin, en sortant des matines. Nous avons suivi cet avis, et nous avons réussi à passer, et, sortant de là, nous nous sommes trouvés dans le bois qui est dans l'enceinte du couvent. C'est là que nous attendaient trois mignonnes en bonne dévotion. Comme elles étaient préparées à la chose, il ne nous a pas fallu longtemps pour les résoudre, quoiqu'elles nous aient juré qu'elles n'avaient jamais connu d'homme. Mais il est survenu une dispute assez plaisante entre elles, parce qu'elles étaient trois et que nous n'étions que deux. Il y en a eu une plus modérée que les autres ou plutôt qui appréhendait que les différends ne fissent perdre trop de temps, et qui a bien voulu attendre que son amie eût fait. Mais elle n'a pas été la plus mal partagée, parce que de ma vie je ne me suis trouvé plus vigoureux. Après que j'ai eu donné quelque satisfaction à la première, je me suis trouvé en état de donner à la seconde le double de ce que j'avais fait à la première. Mais ce qui fait l'objet de mon chagrin, c'est que le prédicateur s'est saisi de la plus jeune et de la plus jolie, pour laquelle j'ai une si grande passion que je ne serai jamais content que je n'en aie obtenu la plus grande faveur. Je préférerais plutôt rompre avec le prédicateur que de ne pas me satisfaire.

Voilà quatre jours que nous continuons ce train de vie sans avoir pu jusqu'à présent avoir entre mes bras celle que j'adore, et comme je suis obligé de partir demain, je rêvais au moyen de parvenir à mon dessein, lorsque vous m'avez rencontré.

Je suis bien aise, lui répondis-je, que vous m'ayez fait cette confidence, parce que j'imagine un expédient pour vous faire obtenir l'objet de vos vœux, pourvu que vous vouliez m'admettre en votre compagnie.—Pour moi, répliqua-t-il, je le veux bien, mais il faudrait en parler au père, et je ne sais comment lui faire la proposition de vous mettre de la partie.—Au contraire, lui dis-je, il ne faut point lui en parler; ce serait le moyen de voir votre entreprise avortée; montrez-moi seulement le lieu, et vous reposez sur moi pour le reste. Nous allâmes reconnaître l'endroit. Il m'instruisit de la manière dont je devais me conduire sans être vu, et où je trouverais les galantes nonnettes. Cela résolu, je ne manquai pas de me trouver avant eux au rendez-vous. Nos trois religieuses y étaient déjà, qui me demandèrent où était le père prédicateur, croyant que j'étais le frère. Je leur répondis tout bas qu'il me suivait, et en même temps je réfléchis au moyen de n'être pas reconnu avant coup-férir. Le prédicateur et le frère vinrent ensuite.

Le frère passa le premier, comme je l'en avais averti, et s'empara de celle qu'il aimait, tellement que le prédicateur fut obligé de s'accommoder de la troisième.

Nous passâmes ainsi deux heures le plus agréablement du monde. Deux de ces jeunes nonnes furent mieux satisfaites qu'auparavant, chacune ayant son chacun. Nous nous retirâmes ensuite en nous raillant du prédicateur, qui avait été frustré de sa proie accoutumée; mais il se défendit en disant qu'il avait trouvé la dernière aussi bonne que la première. Nous allâmes ensuite vider une bouteille d'excellent vin, et nous nous mîmes chacun sur un lit, où nous nous reposâmes jusqu'à dix heures.

En se levant, ils allèrent dire adieu à leurs nonnes, et après avoir dîné ils me manifestèrent le désir de prendre congé du provincial, parce qu'ils voulaient partir dans une heure, afin d'être le lendemain matin à Paris. Je les invitai à m'attendre, et allai trouver le provincial à la grille, où il avait dîné ce jour-là, pour lui demander s'il était disposé à recevoir leurs adieux et à leur donner sa bénédiction.

Je montai au parloir de la prieure où il s'entretenait ordinairement avec quelqu'une de ces filles. J'ouvris la porte sans heurter, quoique ce soit la coutume parmi les moines et parmi les moinesses; mais j'avais ma tête si échauffée par le vin que je n'y songeai pas. J'aperçus, en ouvrant la porte, le dirai-je, notre révérend père dans l'attitude la plus lascive du monde. Il était couché sur le dos tout de son long, sur la planche placée devant la grille, sa robe levée et sa mutaude abaissée; de l'autre côté était une de ces belles nonnettes dont les jupes et la chemise étaient troussées et dont.... Ce spectacle me surprit si fort que je tirai la porte à moi avec beaucoup plus de précaution que je ne l'avais ouverte et courus chercher le secrétaire, sans savoir pourquoi; j'étais pris de vin et étourdi de ce que je venais de voir. J'entrai si brusquement dans le parloir où il était que je rompis les verrous qu'il avait eu la prudence de fermer, de crainte de surprise. Mais si mon étonnement avait été grand à la vue du provincial , il ne le fut pas moins en voyant l'état où était le secrétaire. Il était couché sur deux chaises, le visage pâle, la corde défaite, ses sandales éloignées de lui, son habit levé négligemment, et une dame lui tenait la main à la grille. Je courus d'abord pour le secourir; mais la posture où je vis la dame en m'approchant me fit bien voir qu'il n'était mort que pour revivre. Je les laissai faire, après qu'elle m'eut assuré que ce ne serait rien. J'allai dire à mes deux amis que le père provincial leur souhaitait un heureux retour au couvent, et qu'il se recommandait à leurs saintes prières, mais qu'il ne ne pouvait les voir, à cause d'une affaire à laquelle il était occupé.

Nous bûmes le vin de l'étrier et nous nous quittâmes. Rendu ainsi à moi même, j'avisai à finir ma neuvaine aussi gaîment que je l'avais commencée.

Je contractai une liaison plus étroite avec nos trois jardinières, et j'allai toutes les nuits au rendez-vous du réservoir, où je goûtais avec ces charmantes filles toutes les délices de l'amour.

Cette agréable neuvaine finie, il fallut reprendre la route de Paris. En chemin, nous revîmes nos belles hôtesses, qui nous régalèrent de nouveau, et ce fut là que se terminèrent les plaisirs de notre voyage.

Arrivé à Paris, je suivis l'exemple de mon provincial, et j'envoyai à ces religieuses certaines eaux pour servir à la guérison des hydropisies que l'amour peut engendrer.

Aventure du gardien du couvent de Provins.

Un capucin des plus célèbres de l'ordre, par sa qualité et par sa science, trouva moyen, par ses intrigues, de se faire élire gardien du couvent de Provins, si renommé à cause des crimes que les franciscains ont commis avec une foule de religieuses qu'ils ont débauchées. Ce révérend père, qui était gardien en 1676, fut cause des égarements de ces pauvres filles. Ce capucin était le mieux fait de notre ordre. Il avait l'esprit subtil et persuasif; si la mémoire ne lui avait pas manqué, il aurait été un des plus habiles et des plus recherchés prédicateurs de son temps.

Comme il ne souhaitait d'arriver au gardienat que pour suivre impunément ses désirs effrénés, sans appréhender la censure, il s'abandonna entièrement aux plaisirs, ne négligea rien de ce qu'il croyait propre à y contribuer, mit toute son application à trouver les moyens de ne rien refuser à sa satisfaction. A cet effet, il se servit d'un frère qui avait passé une partie de sa vie dans des intrigues amoureuses, et avouait presque publiquement sa prostitution. Il avait de si rares talents dans ce commerce qu'il avait été toujours recherché de ceux qui étaient adonnés à cette passion. J'en parle avec certitude, puisqu'il ne faisait pas mystère de ses actions, et que c'est de lui que je tiens cette histoire.

Au commencement des vendanges, époque où il envoyait quêter du vin dans les villages voisins, il eut envie de savoir à combien pourrait s'élever la quantité qu'il pouvait espérer d'avoir. Allant pour cela de côté et d'autre dans les vignobles, il aperçut une jeune fille villageoise, âgée d'environ dix-huit ans, qui, dans son vêtement assez propre pour une personne de son état, faisait briller une beauté capable de rivaliser avec les charmes des plus belles dames de la cour. Le gardien en fut d'abord épris; ce loup ravisseur de la pudeur des vierges forma sur-le-champ le projet de la posséder, et ce fut pour y pourvoir qu'il lui demanda d'où elle était et à qui elle appartenait.

Elle lui montra la maison de son père, où aussitôt il alla voir cet homme, qu'il pria, avec cet air d'hypocrisie qui séduisait tout le monde, de lui prêter quelque temps un lieu pour mettre le vin de sa quête. Ce bonhomme, qui ne jugeait des choses que par l'apparence, crut que c'était par un effet de la bénédiction divine que le bon religieux s'adressait à lui; il lui accorda ce qu'il lui demandait. Il offrit donc une cave, et lui dit même qu'il pouvait disposer de sa maison et de tout ce qui lui appartenait. Il le pria ensuite de prendre un verre de vin pour se rafraîchir, et de vouloir accepter une petite collation. Le père gardien accepta; ils se mirent à table, et celui-ci, pour prévenir l'esprit de ce bonhomme en sa faveur, ne l'entretint que de choses saintes. Pendant le temps qu'ils étaient à table, la fille arriva; et, par ordre de son père, elle présenta à boire au capucin. Celui-ci fut si transporté en la voyant qu'à peine se put-il retenir de lui déclarer son amour, et ce ne fut qu'avec une grande violence qu'il ne lui en donna pas de marques; mais il voulut se réserver une occasion plus favorable.

Quand il sortit de la maison, il promit qu'il leur viendrait souvent rendre visite, et en effet il n'y manqua presque pas un jour. Il amusait le père et la mère par de belles paroles, faisait des caresses aux enfants et des présents à la fille.C'est ainsi qu'il s'attira tellement l'amitié de toute la famille qu'il était comme le maître du logis.

Il passa ainsi l'hiver sans que les affaires fussent plus avancées, ce qui ne satisfaisait pas trop le compagnon du gardien à cause du grand froid qu'ils éprouvaient en faisant leurs visites.

Lorsque le printemps fut arrivé, ces bonnes gens venaient ordinairement les dimanches et les fêtes rendre visite au gardien; il les recevait toujours avec les témoignages de la plus vive amitié. Il leur faisait faire bonne chère; et pour engager la fille à entrer seule une autre fois au couvent, il y fit entrer un jour toute la famille pour y dîner et voir le couvent.

Il en usa plusieurs fois de la même manière, et l'été se passa entièrement sans qu'il eût pu trouver l'occasion propice à son dessein. Mais dans l'automne, qui est le temps de la récolte des fruits, il recueillit le fruit de ses travaux amoureux. Pour parvenir à ses desseins, le gardien pria cette fille de lui apporter un jour des fruits qui se trouvaient chez son père et dont il n'avait pas chez lui. Elle lui promit de le faire; et le jour fixé il envoya dix de ses moines hors du couvent, dans des villages situés çà et là; il ne garda dans sa maison qu'un de ses amis intimes et qui était le compagnon de ses débauches.

La jeune villageoise vint sur les quatre heures sonner à la porte. Le compagnon alla lui ouvrir, et lui dit en riant : entrez, ma fille, je vais avertir le révérend père gardien. Elle ne fit aucune difficulté.

Le frère fit semblant d'aller sonner les complies pour ne lui donner aucun soupçon et pour éviter le scandale , quoiqu'il n'y eût personne pour chanter.

Le gardien vint joindre la rejeune fille, la salua lui dit : ma belle enfant, je n'ai point de panier pour mettre les fruits; prenez la peine de venir avec moi, je vous en donnerai d'autres pour remplacer les vôtres. Elle le suivit sans résistance dans sa chambre, où se trouvait une collation bien apprêtée; il n'eut pas beaucoup de peine à la décider à boire et à manger. Il y avait d'excellent vin d'Espagne, dont elle but largement. Il y avait deux autres moines qui avaient pris part au repas, mais ils se retirèrent, comme on était convenu. Aussitôt que le père gardien fut seul avec la jeune fille, il se mit en devoir d'exécuter le dessein qu'il avait projeté depuis longtemps. Il la jeta en badinant sur sa couchette; elle fit au commencement un peu de résistance, mais comme elle avait de l'esprit, beaucoup d'amour et un peu de vin dans la tête, elle laissa faire au gardien ce qu'il souhaitait depuis si longtemps. Lorsqu'ils eurent accompli l'œuvre, le gardien la conjura de continuer avec lui ce genre de vie et de venir le voir souvent. Ils passèrent ainsi deux ans dans les plus agréables plaisirs.

Telles sont les ruses les plus communes que les capucins emploient pour satisfaire à leur lubricité. Mais ils ne remplissent pas avec plus d'exactitude leurs vœux d'obéissance. On pourrait faire un gros volume des exemples de leur insubordination. Je me contenterai seulement d'en rapporter quelques-uns qui prouvent leur indocilité.

Nos supérieurs, par principe de politique, envoient souvent dans des villages des prédicateurs pour instruire les paysans, qui nous donnent au temps des récoltes mille sortes de provisions. Ces sortes de missions ne semblent pas aux prédicateurs fort glorieuses, ni capables de leur procurer beaucoup de plaisir; ils s'en défendent tous avec opiniâtreté; se renvoient de Caïphe à Pilate ou se disent incommodés de l'estomac. Mais quand il s'agit de prêcher une octave ou de faire le panégyrique de quelque grand saint dans un célèbre couvent de religieuses, tous demandent à y aller; et les plus vieux, qui sont souvent les plus fous, sollicitent si instamment, que le gardien est forcé, contre son inclination, de se rendre aux importunités de ces religieux.

Si on les envoie assister quelque malade, avec ordre de retourner au logis, ils feignent qu'on n'a pu se passer de leur assistance et ne se rendent pas au temps qu'ils devraient.

Fort souvent ils prétextent qu'il faut qu'ils aillent prêter assistance à des personnes qui n'existent que dans leur imagination; et pendant ce temps ils vont se livrer à leurs débauches. J'en parle comme savant, puisqu'étant sortis un jour plus de vingt, sous prétexte d'aller assister des malades, nous nous trouvâmes au nombre de quatorze à souper à l'abbaye de Saint Denis en France, où les bons bénédictins nous régalèrent splendidement.

Ce fut dans ce célèbre monastère que j'appris,

en conversant avec le père chargé de recevoir les
notes, que nos frères s'arrêtent souvent, apres
deux ou trois heures, sous les arbres qui se trouvent à l'entrée de la ville, pour laisser passer le
temps de la réfection des moines, parce qu'ils se
réjouissent plus librement et mieux dans les
chambres de leurs hôtes que dans le réfectoire; ce
qui est contre la défense de notre ordre, dont la
règle porte qu'étant en voyage on doit se rendre
dans les monastères au temps des repas, autant
que cela se peut, afin de leur être moins à charge.

La plupart des anciens ne sont jamais disposés
recevoir d'autres injonctions que ce qui leur est
dicté par leur amour-propre; ils sortent, au gré
de leur volonté, pour aller où la volupté les appelle. Cela est très-bien connu des supérieurs,
mais le gouvernement des supérieurs de notre
ordre ne dure que trois ans, ils sont bien aises de
jouir comme les autres de leur liberté quand ils
ne sont plus en fonctions.

En un mot, l'esprit d'obéissance est si bien
éteint parmi nous, que les gardiens ne se hasar-
dent pas de rien commander qu'il ne soit assuré
que le commandement sera bien reçu de celui à
qui il s'adresse.

AMOURS, GALANTERIES, INTRIGUES, RUSES ET CRIMES

DES

CAPUCINS ET DES RELIGIEUSES.

CHAPITRE I.

Couvent des Célestins, duché d'Urbin, en Italie.

Eugenio, moine célestin.

Eugenio, gentilhomme italien de la famille des Caprera, se trouvant un soir dans une réunion des personnes les plus distinguées de la ville d'Urbin, patrie du peintre Raphaël, y remarqua une jeune fille nommée Virginia, de la famille de Spazonni et d'une beauté ravissante, laquelle fit une telle impression sur le cœur de notre gentilhomme que son image resta profondément gravée dans son esprit.

Cette émotion qu'avaient produite sur lui les

charmes d'une jolie figure, d'une taille svelte, d'un accent de voix douce et tendre, s'accrut chaque jour, et le sensible Eugenio rêvait sans cesse à Virginia. Il ne put s'empêcher de faire la déclaration de son amour vif et sincère à monsieur et à madame de Spazonni; mais avant de faire cet aveu, il lui fallut réfléchir plusieurs jours à la manière dont il s'y prendrait. Quelquefois il lui semblait qu'il devait plutôt s'adresser à Virginia, car qu'aurait été pour lui le consentement du père et de la mère de la jeune fille, si celle-ci n'avait pas partagé sa flamme? Pendant ce temps d'irrésolution, il eut occasion de se trouver dans une nouvelle société où était aussi la famille de Spazonni; Eugenio trouva de nouvelles grâces dans la personne de celle qu'il adorait. Les yeux des deux jeunes gens se rencontrèrent, et Eugenio lut dans ceux de Virginia qu'elle n'était pas indifférente à ses tendres regards. Cela l'enhardit; et il se décida à se rendre le lendemain chez M. de Spazonni pour lui demander la main de sa fille en lui avouant qu'il en était éperdûment amoureux, et qu'elle était nécessaire à la tranquillité, au bonheur de sa vie. De la veille au lendemain c'était un bien long espace de temps pour un cœur aussi vivement enflammé que celui d'Eugenio; aussi toute la nuit son esprit fut préoccupé de ce qu'il devait faire le lendemain, et son sommeil fut constamment troublé par l'image de son amante, par l'espérance de l'obtenir, et souvent par la crainte ou d'éprouver un refus ou de n'avoir qu'une promesse pour une époque qui se ferait encore longtemps désirer. Enfin l'astre du jour rend ses rayons à notre globe terrestre. Eugenio se lève et va se promener pour dissiper l'anxiété qui le dévore, en attendant dix heures, temps qu'il croit convenable pour parler à M. et à Mme de Spazonni. Cette heure désirée arrive enfin, et Eugenio se rend chez les parents de son amante. Aussitôt qu'on annonça M. Eugenio de Caprera, M. et Mme de Spazonni s'empressèrent d'aller dans leur salon. Bientôt Virginia arriva aussi, ce qui augmenta encore l'embarras du jeune homme. Après les salutations prescrites par l'usage, la conversation fut entamée et roula sur divers sujets différents; enfin Eugenio, saisissant un moment de silence, déclara aussi le motif de sa visite à M. et à Mme de Spazonni. Dès le jour que j'eus l'avantage de voir pour la première fois Mlle Virginia, sa beauté subjugua mon cœur; depuis l'image de ses charmes n'a fait que grandir, et est devenue une puissance qui me force à venir vous demander, comme une planche de salut, votre approbation à accepter l'offre de ma main, que je ne viens lui faire qu'après une longue réflexion et qu'après avoir éprouvé que Virginia est devenue nécessaire à ma vie.

Tout le monde se tut un instant; Virginia rougit d'abord et pâlit ensuite, comme si elle allait tomber en syncope. Après ce premier moment d'émotion, M. de Spazonni s'adressa ainsi à Eugenio :

L'offre de votre main, monsieur, que vous faites à ma fille aujourd'hui est très-honorable pour ma famille et n'est pas moins avantageux; je connais depuis longtemps le crédit et les richesses immenses dont jouit votre maison. Vos qualités personnelles ne laissent rien à désirer; ainsi point d'autre opposition que je puisse ni que je veuille apporter à l'accomplissement de votre bonheur, puisque, dites-vous, Virginia est indispensable à votre existence, si ce n'est que des raisons d'intérêt qui regardent ma famille m'engagent à attendre quelque temps pour marier ma fille; cependant, j'espère que les motifs de ce retard ces-

seront sous peu; et alors, monsieur, rien ne s'op-
posera plus à ce que vous demandez.

Les deux jeunes gens étaient complètement in-
terdits; ils attendaient avec joie et crainte la fin du
discours du père; mais après qu'il eut cessé de
parler, leurs cœurs s'épanouirent, leur espérance
commença à poindre, leurs yeux se rencontrèrent
et se dévoilèrent leur amour.

Eugenio remercia M. de Spazonni et le supplia
de faire cesser très-promptement les obstacles qui
s'opposaient actuellement à son bonheur inexprimable.

Mme de Spazonni, qui n'avait rien dit jusqu'a-
lors, lui assura qu'elle ferait tout son possible
pour veiller à ce que son mari hâtât leur union.

La conversation fut un instant interrompue;
après quoi Eugenio, qui se sentait un peu embar-
rassé, voulut se retirer, quoiqu'avec bien du regret.

Quelques mois se passèrent, pendant lesquels
Eugenio allait de temps en temps présenter ses
respects au père et à la mère de Virginia, qu'il
regardait déjà comme sa future épouse. Cependant
le roi de Naples eut des affaires secrètes à traiter
à la cour de Vienne; il avait besoin d'un chargé

d'affaires extraordinaire, adroit et insinuant; il jeta les yeux sur Eugenio de Caprera, qui lui parut très-propre à remplir sa mission. Un courrier fut envoyé à Urbino pour remettre une dépêche à Eugenio de Caprera, par laquelle celui-ci était invité à se rendre sur-le-champ à la cour de Naples. Eugenio alla le lendemain prendre congé de la famille du marquis de Spazonni, et en quittant Virginia ses regards firent connaître à la jeune fille combien il était fâché d'être obligé de s'éloigner d'Urbino, combien il était pénible pour lui de quitter l'air que son amante respirait; après de tendres adieux, il se retira et partit le même jour pour Naples.

Le marquis de Spazonni, qui avait un fils et une autre fille, prit la résolution de ne pas marier Virginia et de la consacrer au service de Dieu dans un cloître, afin de ne pas diminuer les biens qu'il voulait laisser à l'héritier de son nom. Il s'entendit avec la marquise et ils arrêtèrent ensemble qu'ils mettraient l'infortunée amante d'Eugenio au couvent de San Cypriano, où elle ferait son noviciat et ses vœux. La marquise prévint sa fille de la subite résolution qu'elle et son père avaient prise et l'engagea à se soumettre volontairement.

La malheureuse Virginia s'y résigna et le jour fut fixé pour le départ.

Ce jour fatal arriva : il était sombre et pluvieux; une teinte grisâtre répandue sur la campagne rendait les objets aussi tristes que le cœur de la tendre et sensible Virginia. La marquise et sa fille montèrent dans une voiture, qui partit prompte comme l'éclair pour la partie occidentale du duché d'Urbin, où était située l'abbaye de San Cypriano. Laissons aux lecteurs le soin de s'imaginer les horreurs où était plongée l'âme aimante de l'intéressante Virginia, qui allait être enfermée pour toujours et dérober ainsi à Eugenio les charmes qui eussent fait son bonheur.

Plusieurs heures après leur départ d'Urbino, la voiture arriva à destination. Le cocher s'arrêta devant une grille qui découvrit aux regards de Virginia toute la façade de l'abbaye de San Cypriano. Il sonna; la grille s'ouvrit, et après avoir franchi la cour spacieuse et plantée d'arbres qui précédait l'entrée du monastère, la marquise et Virginia descendirent vis-à-vis la porte de clôture.

Deux tourières s'empressèrent de les conduire dans le superbe parloir de l'abbesse, qui bientôt parut elle-même et fit le plus tendre accueil à la marquise ainsi qu'à Virginia. Elle les invita à entrer dans l'intérieur du monastère. Virginia éprouva un saisissement involontaire lorsqu'elle entendit le bruit des verrous, des barres de fer qui retenaient cette porte de clôture, et lorsque cette porte se referma sur elle. C'est pour jamais, pensa-t-elle, pour jamais ! Les cloîtres qu'elle traversait, ces voûtes sombres, sous lesquelles le bruit de ses pas retentissait, l'apparition de plusieurs religieuses qui se trouvaient sur sa route, et qui, semblables à des oiseaux de mauvais augure, disparaissaient aussitôt, tous ces objets nouveaux, imposants, produisaient sur son âme une impression profonde.

De retour dans l'appartement de l'abbesse, où l'on avait servi une riche collation, Virginia supplia la marquise, sa mère, d'obtenir pour elle une grâce qui pouvait la faire jouir de la seule consolation dont son âme était alors susceptible.

« Je désire, lui dit-elle, que madame l'abbesse me donne l'habit de novice sans m'assujettir au temps d'épreuve fixé par l'usage; tout ce qui peut éloigner l'instant de mon sacrifice me paraît insupportable; il me semble que je ne jouirai du calme après lequel mon cœur soupire que lorsque, tout entière aux devoirs sacrés de l'état que je vais embrasser, je pourrai m'y livrer sans ré- serve. »

Virginia parlait avec feu ; l'abbesse s'étant ap- prochée, entendit ce qu'elle venait de dire et pro- mit de lui donner le voile dans huit jours.

Le lendemain, la marquise repartit pour Urbino. Virginia la vit partir sans émotion; son cœur, serré par une douleur profonde, n'était plus sus- ceptible d'attendrissement. Elle lui parla de son père et lui recommanda sa fidèle Laurence.

Huit jours après, elle reçut, comme elle le dé- sirait, les habits de novice, et trois mois s'étaient à peine écoulés depuis cette époque, lorsqu'un soir la maîtresse des novices, parcourant la ga- zette à l'heure de la récréation, lut à haute voix le passage suivant :

« Le jeune comte Eugenio, le même qui a été « chargé d'une mission secrète pour le gouverne- « ment du Roi, epouse, dit-on, sa cousine Rosalia « Vizzani. Les dispositions sont prises ; on n'at- « tend plus que le futur. Le pape doit donner la « bénédiction aux époux, et on assure que cette « cérémonie aura lieu le 15 de ce mois. »

Des cris étouffés se firent entendre alors; la maîtresse des novices leva les yeux, et vit plusieurs jeunes religieuses qui s'empressaient de secourir Virginia évanouie. Près d'une heure s'écoula, durant laquelle on la crut entièrement privée de vie. On la transporta dans sa cellule, où elle resta indisposée pendant plusieurs jours. Aussitôt qu'elle eut la force de se soutenir, elle alla chez l'abbesse lui demander le voile noir. L'abbesse, qui l'aimait, lui fit plusieurs observations, mais elle persista et elle prononça ses vœux quelques jours après. Le jour même de ses vœux, après l'office, comme elle traversait un des cloîtres, le vieux Francisco, jardinier du couvent, lui ayant fait quelques signes mystérieux auxquels elle ne put rien comprendre, jeta à ses pieds une lettre, puis s'enfuit tout-à-coup. Virginia reconnut l'écriture d'Eugenio, ramassa le papier avec précipitation, et elle lut :

« Si vous ne voulez pas que j'expire de douleur et de désespoir auprès de ces murs odieux qui vous cachent à mes regards, accordez-moi un quart-d'heure d'entretien. L'honnête vieillard qui vous remettra ce billet m'a promis de m'introduire ce soir, à onze heures, dans le bois de cy-

près qui termine votre jardin; il vous donnera
une clef pour venir m'y rejoindre. Virginia, prenez
bien garde à la décision que vous allez prendre :
vous connaissez mon amour; si vous me refusez,
demain je ne serai plus. »

La surprise, le dépit, animèrent le teint de Virginia de la plus vive rougeur. Elle écrivit à la
hâte ces mots sur les tablettes qu'Eugenio lui avait
données autrefois :

« Je n'ai rien à entendre de l'époux de Rosalia; je le prie de s'éloigner de ces lieux et de se
souvenir au moins que l'oubli de ses anciens serments ne doit point entraîner celui du respect
qu'inspirent les liens sacrés qui ont fixé pour jamais le sort de Virginia. »

Francisco prit les tablettes et alla les remettre
secrètement au jeune comte Eugenio. Pendant ce
temps-là, l'infortunée Virginia se livrait à mille
horribles réflexions sur l'ingratitude prétendue et
la hardiesse de son amant. Le soir étant arrivé,
Francisco remit à Virginia les tablettes qu'elle lui
avait données le matin et sur lesquelles Eugenio
avait écrit :

« Moi, l'époux de Rosalia! juste ciel! quel
odieux mystère me faites-vous entrevoir? O Virgi-

nia, trop crédule et infortunée Virginia, qu'avez-vous fait? Ingrate, devais-tu croire jamais.... Au nom du ciel, faites que je vous voie... je souffre des tourments inexprimables. Virginia, par pitié, par humanité, ne me laissez pas mourir de douleur.... »

Oui, je le verrai! s'écria Virginia après cette lecture. Où est-il? où est mon Eugenio?... Dieux! dieux! ajouta-t-elle en se frappant la poitrine, vous l'avez permis; l'iniquité triomphe...

Madame, dit Francisco d'une voix basse et timide, prenez garde d'être entendue, prenez garde de vous compromettre ainsi que moi. Voici une double clef du jardin; j'aurai soin ce soir de ne pas mettre les verrous, afin que vous puissiez l'ouvrir sans bruit. A onze heures précises, trouvez vous dans le bois de cyprès. Francisco disparut après avoir remis cette clef à Virginia.

Les deux amants attendaient dans un ennui, dans une crainte difficile à décrire, mais facile à imaginer. Onze heures étant enfin sonnées, Eugenio et Virginia se trouvèrent réunis, par les soins de Francisco, dans un endroit le plus écarté du jardin de l'abbaye.

Des exclamations entrecoupées, des pleurs, des

sanglots, remplirent d'abord les premiers moments de cette réunion à la fois si douce et si déchirante. Leur entretien devint ensuite plus suivi; Virginia raconta à son amant comment elle avait été mise au couvent et comment elle avait prononcé ses vœux.

Eugenio raconta à son tour à Virginia qu'il avait été envoyé à Vienne par Sa Majesté, qu'il lui avait écrit plusieurs fois et qu'il avait été étonné qu'elle ne lui eût jamais répondu; qu'à son retour il s'était empressé d'aller chez le marquis de Spazonni, son père, où il n'avait trouvé personne; qu'enfin Laurana, domestique de la maison très-attachée à Virginia, lui avait appris, les larmes aux yeux, que son amante était au couvent de San Cypriano; qu'il s'y était rendu aussitôt; que pour lui parler il avait cherché à décider le vieux Francisco à lui procurer le moyen de la voir, ce qu'il avait fait; enfin Eugenio, parlant des parents de Virginia, s'écria : Qu'ils tremblent, s'ils osent résister aux démarches que je vais faire pour réclamer contre les vœux par lesquels ils ont cru t'enchaîner; j'armerai contre eux toute la sévérité du pape; et le crédit du cardinal Caprera, mon oncle, me répond d'atteindre le but de mes désirs.

Mais, ma Virginia, ajouta Eugenio en tombant à genoux, ma douce Virginia, chère épouse de mon cœur, exauce l'ardente prière de ton amant, de ton ami, consens à fuir avec moi cet odieux monastère, permets que je te conduise à Rome dans le palais de mon oncle; là nous pourrons braver la ruse infernale de ceux qui chercheront peut-être encore à te ravir à mon amour, si tu restais ici jusqu'à la fin de la procédure que je suis résolu d'entamer.

Virginia, effrayée d'une semblable démarche, s'opposa avec force au désir d'Eugenio, et fit usage de tout l'empire qu'elle avait sur lui pour l'engager à la laisser à San Cypriano jusqu'à ce qu'elle eût obtenu du pape d'être relevée de ses vœux; mais la violence de la douleur d'Eugenio, son désespoir, ses larmes, ses prières ardentes de ne pas le livrer à une inquiétude qui le ferait mourir, ébranlèrent bientôt toute sa fermeté, et elle finit enfin par lui permettre de disposer de son sort comme il voudrait.

A peine Eugenio eut-il arraché le consentement de Virginia qu'il crut avoir atteint le terme de ses malheurs. L'éclair n'est pas plus rapide que la transition qui se fit dans son âme de l'excès du désespoir à la joie la plus pure. Il serrait les mains de Virginia, les couvrait de baisers, l'appelait mille fois son amante, sa femme, son unique bien, lui peignait avec feu le bonheur dont ils allaient enfin jouir, riait, pleurait, tombait à ses genoux et se livrait à tous les élans d'une âme longtemps comprimée par la tristesse qui jouit tout-à-coup du premier rayon d'un bonheur sans nuage.

Lorsqu'il fut un peu plus maître de lui-même, il traça à Virginia le plan qu'il avait imagine. Il devait se trouver le lendemain, à pareille heure, au pied du rocher avec des chevaux et un habit de voyage pour Virginia. Francisco aurait soin, dit-il, de laisser la petite porte entr'ouverte, et Eugenio devait l'emmener avec lui jusqu'à Rome.

Virginia, faible, abattue, pouvait à peine partager la joie de son amant ; les vives émotions qu'elle avait éprouvées dans la journée venaient de redoubler la fièvre dont son sang était agité; et lorsqu'elle se sépara d'Eugenio et qu'elle lui entendit répéter : *à demain, à demain, ma Virginia*, elle lui serra la main et ne put retenir ses larmes.

De retour dans la cabane de Francisco, il remit à l'honnête vieillard la somme d'argent convenue, et lui fit promettre de l'introduire le lendemain dans le jardin.

Ce lendemain, attendu avec une vive impatience par Eugenio, fut consacré entièrement aux préparatifs nécessaires à la fuite méditée. Il se rendit lui-même à Urbino, arrêta une chaise de poste, loua un domestique, à qui il donna ordre de l'attendre dans une auberge près de la grande route; puis, après avoir acheté un autre cheval de selle pour Virginia, il attendit la nuit pour le conduire avec le sien au bas du rocher de San Cypriano.

Eugenio n'était plus qu'à un mille de l'abbaye lorsqu'il entendit sonner onze heures; il pressa la marche des chevaux, et arriva enfin à quelques pas de la petite porte basse. La nuit était d'une obscurité effrayante; le ciel chargé de nuages, dérobait aux regards jusqu'à la faible lueur des étoiles, et un calme profond régnait dans la nature. Eugenio se glissa légèrement sous les arbres qui ombrageaient les murs du monastère, et s'approcha de la porte. D'une main tremblante par l'excès de son émotion, il essaya de la pousser, et fut surpris de trouver une résistance à laquelle il ne s'attendait pas. Il redoubla d'efforts, et s'aperçut enfin, avec une douleur inexprimable, que la porte était fermée.

Mille idées sinistres se présentent en foule à son esprit; il fait mille tentatives pour pénétrer dans le jardin de l'abbaye; mais tout est inutile. Il se livre alors au plus cruel désespoir. La nuit entière se passe, déjà l'aurore va paraître, et Euge-nio ne peut s'arracher des lieux qu'il avait cru ne devoir quitter qu'avec son amante. Enfin il se retire en suivant des sentiers qui le conduisent il ne sait où. Ses rêveries ayant duré toute la jour-née, il alla dans quelqu'auberge voisine pour prendre un peu de nourriture nécessaire à sa subsistance, et la nuit suivante il se rendit de nouveau aux murs de l'abbaye. Qu'on juge de ses peines, de ses chagrins, lorsqu'il trouva encore la porte fermée et qu'il ne put parler au vieux Fran-cisco. Il passa la nuit sous ces murs et s'assoupit sur le gazon. A la pointe du jour, le bruit des cloches le réveilla; leur sonnerie lente, le silence qui succédait tout-à-coup, puis un tintement fu-nèbre se prolongeant plusieurs minutes, le glacè-rent d'horreur. « Ciel! s'écria-t-il, c'est ainsi qu'on sonne pour les morts! » Puis, penchant la tête et poussant un profond soupir, il ajouta :

« Celle qui vient de terminer sa carrière n'est-elle pas heureuse maintenant? Ne jouit-elle pas de la récompense que doit lui mériter une vie passée dans la pénitence, les privations, peut-être, hélas! dans des peines dont elle a seule connu toute l'amertume? » Il marcha quelques minutes plongé dans de semblables réflexions; puis tout-à-coup une idée le fit tressaillir. Il connaissait l'usage qui permet aux hommes d'entrer dans les monastères de religieuses pour suivre le convoi de celle d'entre elles qui vient de mourir. L'espoir de voir Virginia, de lui parler, le fit voler à l'église. Il vit un sacristain occupé à draper de noir la nef et le maître-autel.

Eugenio, frappé d'une terreur dont il ne pouvait se défendre, s'approcha d'un air timide du sacristain, et lui demanda à voix basse si le convoi devait se faire dans la matinée.

« Monsieur, répliqua cet homme, j'ignore le moment précis; je crois cependant que c'est pour ce matin, car ce fut hier, à pareille heure, que la sœur Virginia Spazonni rendit le dernier soupir. »

Eugenio poussa un cri, fit quelques pas en chancelant comme pour sortir de l'église; tout-à-coup ses genoux fléchirent, ses yeux s'obscurcirent, et il tomba sans connaissance. Il resta dans cet état pendant plusieurs minutes, après quoi, étant revenu à lui, il se traîna à pas lents hors de l'église et alla sur un petit coteau qui séparait l'abbaye de San Cypriano du monastère des Célestins. Arrivé là, il se coucha sur le gazon et se livra tout entier à sa douleur et à son désespoir. Il veut se détruire, déjà il a tiré son épée pour se percer, lorsqu'il sent son bras arrêté. C'est un religieux célestin, appelé Genaro, qui veut l'empêcher de se tuer, et qui, après un long colloque, le détermine à entrer dans le couvent des Célestins, où il trouvera des secours contre les langueurs de son corps et de son âme. Eugenio se laissa gagner, et sa douleur ayant abîmé son être il lui fallut plusieurs jours pour se remettre. Devenu un peu plus calme, il est dégoûté d'un monde qui lui est devenu insupportable, et formant la résolution de se consacrer uniquement à la méditation et à la retraite, il prit l'habit de religieux dans le monastère des Célestins, où il était. En prononçant ses vœux, il voulut porter le nom de Carlo, qui était celui d'un oncle, cardinal, qui lui était fort attaché. Il passa près de dix ans dans cet état, durant lesquels il refusa constamment toutes les offres du cardinal Caprera, son oncle, qui désirait le voir revêtu des premières dignités de l'Eglise. Cependant, notre moine Carlo se fit une grande réputation de sainteté et de mérite à cause de son austérité et de ses talents. Il fut appelé par l'abbesse de San Cypriano pour diriger une religieuse, qu'on appelait la brebis égarée.

Il fut introduit, par ordre de l'abbesse, dans un long corridor très-obscur, conduisant dans un profond souterrain. Arrivé près d'un lit, il y vit, à la lueur d'une lampe, une religieuse couchée et extrêmement malade.

— Madame, dit Eugenio d'une voix à peine distincte par l'excès de son émotion, vous avez désiré voir un ministre du Seigneur; je suis assez heureux pour qu'on m'ait choisi afin de remplir près de vous les devoirs sacrés de notre profession; me voici prêt à vous entendre, non comme votre juge, mais comme un ami sensible à vos peines et qui désire vivement les alléger.

— Où suis-je?... dit l'infortunée religieuse; quelle voix a frappé mon oreille?... Cette douce et chère illusion me poursuivra-t-elle toujours?.... Non, ce n'est pas lui... ce ne peut être lui!...

— Virginia!!! s'écria Eugenio avec l'accent de la terreur.

— Grand Dieu! dit Virginia, vous avez exaucé mon ardente prière; je le vois encore une fois, et c'est lui qui va recevoir mon dernier soupir.

—Virginia! Virginia! répétait toujours Eugenio d'un air égaré. Mais elle ne parle plus... elle ne répond plus... elle est morte!... s'écria-t-il en soulevant dans ses bras son amante infortunée, qui, pâle, froide, immobile, cédait à tous les mouvements.

Il la porta près de la lampe, écarta les cheveux qui couvraient ce visage adoré, où, malgré les ravages de la douleur et du temps, on voyait encore cette douceur, ce charme inexprimable, dont le souvenir était si bien gravé dans son cœur. Il la contempla pendant quelques minutes avec un désespoir calme; puis, cédant à toute l'impétuosité de sa passion, il serra fortement sur son cœur le fardeau de son amour dont il s'était saisi. « Virginia! ô ma Virginia, c'est moi! » s'écria-t-il de nouveau en posant un baiser sur les lèvres glacées de sa malheureuse amie, comme s'il eût voulu ainsi ranimer le souffle de la vie qui s'exhalait de son sein.

Virginia ouvrit les yeux, fit un léger effort pour enlacer ses bras autour d'Eugenio, fixa sur lui un regard tendre et douloureux, articula quelques sons étouffés, pencha la tête et poussa un profond soupir. Il fut le dernier que l'infortuné Eugenio devait entendre de son amante.

Eugenio s'évanouit en tenant entre ses bras le cadavre de son amante; il resta ainsi longtemps; il recouvra enfin connaissance, et répandant un torrent de larmes, le cœur navré de douleur, il quitta les malheureux restes de celle qu'il avait adorée. Il s'en retourna rejoindre la religieuse qui l'avait conduit dans le souterrain près de son amante, et qui, sur la demande qu'il lui fit, comment Virginia avait été mise dans le cachot, lui raconta les faits suivants :

« Condamnée par la supérieure et les anciennes qui forment son conseil à donner mes soins à Virginia, parce que j'avais découvert d'une manière involontaire et innocente qu'on l'avait enfermée dans ce souterrain, c'est Virginia elle même qui m'a révélé que vous aviez eu une entrevue avec elle dans le jardin de l'abbaye le soir même de la prononciation de ses vœux. Elle m'a dit qu'en entrant dans l'intérieur du monastère elle crut entendre un léger bruit derrière elle, que la frayeur suspendit sa marche; elle prêta l'oreille avec attention, mais tout étant redevenu calme et silencieux, elle parvint jusqu'à sa cellule sans avoir rien rencontré sur sa route qui pût lui faire craindre d'avoir été aperçue par quelqu'un.

« Une fièvre brûlante l'empêcha de fermer les yeux le reste de la nuit; des inquiétudes vagues, de tristes pressentiments, firent d'abord couler ses larmes; mais la certitude d'avoir trouvé Eugenio toujours le même pour elle, l'espérance de le revoir, de s'unir peut-être à lui, si le pape consentait à la relever de ses vœux, la plongèrent ensuite dans des réflexions si douces, si consolantes, qu'elle oublia ses malheurs passés pour ne songer qu'à l'avenir plein de charmes qui s'offrait à ses regards.

« Le jour parut, et elle s'occupait encore d'Eugenio, repassant dans sa mémoire tout ce qu'il lui avait dit, répétant ses moindres paroles et croyant toujours entendre cet ami si cher lui dire d'une voix émue : à demain, à demain, ma Virginia !

« Ce jour, le plus long dont Virginia eût mesuré la durée, s'écoula enfin. Ne pouvant vaincre le trouble dont elle était agitée, elle se rendit dans le bois de cyprès longtemps avant l'heure où Eugenio devait se trouver derrière l'abbaye. Elle se promena avec délices dans les endroits qu'elle avait parcourus la veille avec lui, s'arrêta à toutes les places où il s'était arrêté, et se livra ensuite à une rêverie profonde, dont elle ne sortit qu'à la voix de Francisco.

« Madame, lui dit-il, onze heures vont sonner; profitons de l'instant où le ciel est couvert de nuages pour gagner le dehors de l'abbaye; et si le signor Eugenio n'y est pas encore arrivé, nous l'attendrons là plus en sûreté que dans ce bois.

« Virginia ne répondit qu'en suivant Francisco qui marchait devant elle. Déjà ils avaient franchi le bois de cyprès et n'avaient plus que quelques pas à faire pour atteindre la porte, lorsque plusieurs voix se firent entendre derrière eux. Francisco jeta un cri, prit la fuite, et laissa Virginia saisie de terreur, presqu'évanouie entre les bras de trois religieuses anciennes, qui venaient de l'arrêter par sa robe.

« — Où allez-vous? lui dit l'une d'elles d'une voix terrible; malheureuse, tremblez ! vos coupables projets nous sont connus et vous paierez cher le déshonneur dont vous cherchiez à couvrir notre maison, en voulant fuir avec un homme.

« Virginia, anéantie, ne fit aucune réponse, et se laissa conduire, ou, pour mieux dire, traîner dans l'intérieur de l'abbaye par deux anciennes religieuses, tandis que la troisième, ayant suivi en vain les traces de Francisco, referma la porte des rochers qui était restée ouverte, et vint rejoindre ses compagnes pour accabler Virginia des plus sanglants reproches.

« On la ramena dans sa cellule, où l'abbesse l'attendait. Ecoutez votre arrêt, lui dit cette femme implacable; demain vous ne serez plus comptée au nombre des vivants; renfermée pour le reste de vos jours dans le souterrain du monastère, vous aurez le temps d'implorer la miséricorde divine pour le crime que vous avez commis.

« Virginia ne put en entendre davantage ; un froid mortel glissa dans ses veines, ses genoux fléchirent, et elle tomba sans connaissance aux pieds de l'abbesse.

« En revenant à elle-même, elle se trouva sur son lit; l'abbesse et plusieurs religieuses l'environnaient; leur physionomie sévère, leurs regards menaçants la firent frémir, et elle ferma les yeux.

« Avalez ce breuvage, lui dit l'abbesse à voix basse.

« Virginia souleva la tête, joignit les mains d'un air suppliant, puis repoussa le vase qu'on lui présentait.

« Obéissez, ajoutèrent les anciennes.

« Obéissez, répéta l'abbesse.

« La douce victime poussa un profond soupir, leva les yeux vers le ciel et lui adressa une prière fervente. Oui, j'obéirai, dit-elle ensuite en se tournant vers ses juges; femmes cruelles, je vous pardonne la vengeance que vous allez exercer sur moi. Puisse le Très-Haut, que je viens d'implorer, ne point vous rendre responsable des murmures que m'arracheront peut-être les longues souffrances auxquelles vous me condamnez. Puisse-t-il être plus miséricordieux envers vous que vous ne l'êtes envers moi, pour une faute, hélas! dont je sens que je ne puis me repentir.

« En achevant ces mots, elle prit le vase et but entièrement la liqueur qui y était contenue. Quelques minutes après, un engourdissement général appesantit ses membres, ses yeux se fermèrent, et elle tomba dans un sommeil dont elle ne sortit que dans le souterrain où on l'avait placée. En promenant alors autour d'elle ses regards avec effroi, en mesurant l'étendue de ce sombre ca chot, éclairé par une lampe sépulcrale : voilà donc, s'écria-t-elle, ma dernière demeure ! c'est pour jamais, pour jamais que je suis ici ! Un accès de désespoir succéda à cette terrible réflexion ; elle poussa des cris perçants.

« C'est là qu'elle a vécu depuis ce temps ; c'est là que je suis allée tous les jours lui porter la nourriture dont elle avait besoin pour subsister, et que j'ai passé souvent bien des heures avec elle pour dissiper un peu ses ennuis, ses chagrins et sa douleur. »

On doit juger de la douloureuse agonie d'Eugenio pendant ce récit ; des exclamations, des cris de désespoir lui échappèrent plusieurs fois.

Il sortit du souterrain du couvent de San Cypriano, se rendit au monastère des Célestins où il demanda sur-le-champ au prieur la permission d'aller à Rome voir son oncle le cardinal de Caprera pour parler à Sa Sainteté le pape. Cela lui fut accordé. Sur-le-champ il monta en chaise de poste, où il resta sans descendre pendant trente heures, prenant à peine quelques légers aliments pour soutenir ses forces durant l'entrevue qu'il allait avoir avec le cardinal.

Il arriva enfin à Rome ; la chaise de poste entra

dans la cour du palais de Caprera; les nombreux
valets qui l'entourèrent ne purent reconnaître le
beau, l'élégant Eugenio, dans le religieux austère
qui, la pâleur sur le front, les joues creuses, s'a-
vança d'un pas chancelant jusqu'au péristyle du
vestibule; la robe blanche dont il était enveloppé,
sa maigreur excessive, son air sombre et réfléchi,
lui donnaient l'air d'un spectre.

—Dites à Son Eminence que je désire lui parler
sans témoins, dit-il à un valet qui se trouva près
de lui. Le valet s'inclina avec respect, et après
l'avoir introduit dans le cabinet d'audience du
cardinal sortit pour exécuter les ordres qu'il venait de recevoir.

Lorsque le cardinal parut, Eugenio fléchit un
genou devant lui : — Je demande justice à Votre
Eminence, dit-il d'une voix concentrée et en lui
présentant un mémoire de tout ce qui s'était passé
au sujet de Virginie. Le cardinal ne reconnut pas
d'abord son neveu; il avançait la main pour prendre les papiers, lorsque l'infortuné Eugenio, suc-
combant à la foule des sensations douloureuses
que fit naître en lui la présence de son oncle,
poussa un cri, ferma les yeux, et parut entièrement privé de l'usage de ses sens.

— Grand dieu! s'écria le cardinal éperdu, c'est lui.... c'est mon neveu.... mon cher Eugenio!....

— Oui, dit Eugenio, ranimé par les caresses de son oncle, oui, c'est moi, c'est votre neveu!..... mais, justice! justice!... Vengeance! ajouta-t-il avec un accent terrible.

Le cardinal effrayé ne savait ce qui pouvait mettre Eugenio dans un état si violent; il lui prit la main, le força à s'asseoir près de lui, et parvint avec beaucoup de peine à obtenir l'explication qu'il désirait.

A mesure qu'Eugenio parlait, la plus vive indignation se peignait sur la figure du cardinal.

— Quel tissu d'horreurs! s'écria-t-il à la fin, ô mon Dieu! est-il possible que ta religion sainte soit profanée ainsi; que ceux qui devraient donner l'exemple des vertus et de la tolérance se constituent les bourreaux de leurs semblables. Oui, je punirai ce forfait, ajouta-t-il avec force : je vais parler au pape, et puisse le châtiment infligé à l'abbesse de San Cypriano contenir désormais celles qui voudraient abuser ainsi du pouvoir qui leur est confié.

Eugenio baisa la main de son oncle avec transport et parut jouir d'un peu de calme dès l'instant

qu'il eut la certitude que l'innocente Virginia serait vengée.

Le lendemain le cardinal lui remit un bref du
pape qui ordonnait que la signora Menzonni, dé-
gradée de son rang d'abbesse, serait conduite, es-
cortée par des gardes, dans le plus triste couvent
des États de l'Eglise, que là elle serait condamnée
toute sa vie aux simples fonctions de sœur con-
verse ainsi que les quatre religieuses anciennes
complices de l'abbesse.

Eugenio, muni de ce bref, quitta Rome à l'instant même; l'impatience de punir les bourreaux
de Virginia fut la première sensation qu'il éprouva. Voulant écraser d'abord l'abbesse sous le poids
de la terreur, il lui fit dire qu'il l'attendait pour
lui signifier un ordre du pape. Cette indigne
femme se rappelant Virginia frémit, et lorsqu'elle
parut à la grille elle pouvait à peine se soutenir.

Eugenio, détournant d'elle ses regards avec horreur, lui présenta le bref : — Monstre ! lui dit-il
d'une voix terrible, lisez votre condamnation et
obeissez !

L'abbesse parcourut le papier, jeta un cri et
resta immobile ; puis, se jetant à genoux, elle
implora en sanglottant la compassion d'Eugenio.

— Point de grâce! s'écria-t-il, obéissez ! Avez-vous eu la moindre émotion lorsque la touchante victime que vous avez immolée avec tant de barbarie implorait aussi avec tant de douleur votre pitié? Point de grâce, répéta-t-il, voyant qu'elle était toujours prosternée à ses genoux. Puis, sortant avec précipitation du parloir, il ordonna aux gardes qui l'attendaient dans la cour de saisir cette femme ainsi que ses complices, et de les conduire dans le monastère désigné par le pape.

CHAPITRE II.

Histoire de la sœur Monique,

RACONTÉE PAR ELLE MÊME.

(Couvent de...)

Quand on est jeune, on n'a d'autre maître que son cœur; ce n'est que lui qu'on écoute, ce n'est qu'à ses conseils qu'on se rend.

Toute jeune que j'étais, quand ma mère, après la mort de son quatrième mari, vint demeurer dans

le couvent où je suis en qualité de pensionnaire,
je ne laissai pas d'être effrayée de la résolution
qu'elle avait prise; sans pouvoir distinguer le motif de ma frayeur, je sentais qu'elle allait me
rendre malheureuse. L'âge, en me donnant des
lumières, m'éclaira sur mon aversion pour le
cloître ; je sentis qu'il me manquait quelque
chose, la vue d'un homme. Du simple regret
d'en être privée, je passai bientôt à réfléchir sur
ce qui pouvait me rendre cette privation si sensible. Qu'est-ce donc qu'un homme? disais je. Est-ce
une espèce de créature différente de la nôtre?
Quelle est la cause des mouvements que sa vue
excite dans mon cœur? Est-ce un visage plus aimable qu'un autre? Non, le plus ou le moins de
charmes que je leur trouve n'excite que plus ou
moins d'émotion; l'agitation de mon cœur est in-
dépendante de ces charmes, puisque le père Jérôme même, tout désagréable qu'il est, m'émeut
quand je suis près de lui. Ce n'est donc que la
seule qualité d'homme qui produit ce trouble;
mais pourquoi la produit-elle? J'en sentais la raison dans mon cœur, je ne la connaissais pas; elle
faisait ses efforts pour briser les liens où mon
ignorance la réduisait. Efforts inutiles! je n'ac-

quérais de nouvelles connaissances que pour tomber dans de nouveaux embarras.

Quelquefois je m'enfermais dans ma chambre,
je m'y livrais à mes réflexions; elles me tenaient
des compagnies où je me plaisais le plus. Qu'y
voyais-je dans ces compagnies? des femmes; et
quand j'étais seule, je ne pensais qu'aux hommes.
Je sondais mon cœur, je lui demandais la raison de
ce qu'il sentait; je me déshabillais toute nue, je
m'examinais avec un sentiment de volupté, je
portais des regards enflammés sur toutes les parties de mon corps; je brûlais, j'u...., je soupirais;
mon imagination échauffée me présentait un homme, j'étendais les bras pour l'embrasser, mon c .
était dévoré par une démangeaison, par un feu
prodigieux, sans oser les apaiser, dans la crainte
de me faire du mal. Quelquefois j'étais près d'y
succomber; mais effrayée de mon dessein, je
m'arrêtais. Enfin je me livrai à la passion, je m'é-
tourdis sur la douleur pour n'être sensible qu'au
plaisir; il fut si grand que je crus que j'allais ex-
pirer. Cela me fit comprendre ce que l'homme fait
avec la femme. Parvenue à ce degré de lumière,
je me sentis agitée du désir le plus violent d'avoir
dans un homme l'original dont la copie m'avait
fait tant de plaisir.

Instruite par mes propres sentiments de l'impression agréable que les femmes doivent faire naître dans le cœur des hommes, je joignis à mes charmes tous les petits agréments dont l'envie de plaire a inventé l'usage; se pincer les lèvres avec grâce, sourire mystérieusement, jeter des regards curieux, modestes, amoureux, indifférents; affecter de ranger, de déranger son fichu pour faire fixer les yeux sur sa gorge, en précipiter adroitement les mouvements, se baisser, se relever. Je possédais ces petits talents dans le dernier degré de la coquetterie; je m'y exerçais continuellement; mais ici c'était les posséder en pure perte. Mon cœur soupirait après la présence de quelqu'un qui connût le prix de mon savoir, et qui me fit connaître l'effet qu'il aurait produit sur lui.

Je ne devais pas attendre longtemps. Un jeune militaire, admis à visiter sa sœur, ayant eu l'occasion de parcourir le couvent, me vit, grâce à la négligence que j'avais eue de laisser ma porte entr'ouverte, étendue sur mon lit et dormant d'un profond sommeil.

Je ne sais ce qui se passa, mais lorsque je m'éveillai je me trouvais dans les bras du lieutenant, et n'avais plus rien à apprendre en fait de délices amoureuses.

Malheureusement, ce qui aurait dû faire mon bonheur fut interrompu par l'arrivée d'une vieille religieuse qui nous surprit dans cette position et qui en instruisit ses consœurs, lesquelles, après le départ de mon amant improvisé, résolurent, pour me punir, ou plutôt par jalousie, de me fustiger à la manière des enfants.

Comme j'avais soigneusement fermé ma chambre, on força ma porte, on m'attaqua. Je mordis l'une, j'égratignai l'autre, je donnai des coups de pieds, je déchirai des guimpes, j'arrachai des bonnets; enfin, je fis si bien que je lassai mes ennemis au point de renoncer à leur entreprise. Elles n'emporteront de leur action que la honte que six mères n'avaient pu venir à bout d'une jeune fille; j'étais une lionne dans ce moment.

La rage et le soin de ma défense m'avaient jusqu'alors occupée tout entière. Je ne songeais qu'à donner le démenti aux vieilles; mais je devins bientôt aussi faible que j'étais hardie et vigoureuse un moment auparavant. La colère fit place au désespoir. Moins flattée de me voir en sûreté que pénétrée de l'affront qu'on avait voulu me faire subir, j'avais le visage baigné de larmes. Comment reparaître dans le couvent? disais-je. Je

vais être le sujet de la moquerie; peu me plain-
dront, toutes me fuiront. Ah! me voilà couverte
de honte! Mais je veux aller trouver ma mère,
poursuivis-je ; elle pourra me blâmer, mais peut-
être me pardonnera-t-elle. Un garçon m'a........,....
eh bien, où est donc le grand crime? Y ai-je consenti? C'est ainsi que je raisonnais. Oui, conti-
nuai-je, je vais la trouver. Je me levai de dessus
mon lit dans ce dessein. Je commençai d'abord à
aller chez la supérieure, avec qui j'eus un long
entretien, pendant lequel ma mère entra.

Qu'ai-je donc appris, madame? dit·elle à la supérieure; et sur-le-champ, m'adressant la parole,
et vous, mademoiselle, pourquoi vous trouvez··
vous ici? Il fallait répondre; j'étais déconcertée,
je baissais les yeux; on me pressa, je bégayai. La
supérieure prit la parole pour moi : elle le fit avec
esprit. Si elle ne me donna pas tout-à-fait tort
dans la conduite qu'on avait tenue avec moi, elle
ne me chargea pas assez pour faire croire que je
fusse bien coupable; ma faute passa pour une imprudence où le cœur n'avait eu aucune part, pour
ma violence de la part d'un jeune téméraire que
l'on promit bien de ne plus laiser revenir à la grille,
et on conclut qu'il n'y avait que mademoiselle

Verland de criminelle, puisque c'était elle qui avait fait éclater une chose qu'elle devait taire, si ce n'était pour l'honneur de son frère, du moins pour le mien, qui pourtant n'en souffrirait point, parce que, dit la supérieure, elle voulait réparer l'insulte qu'on m'avait faite. Je n'en pouvais pas souhaiter davantage; je sortais blanche comme neige d'une aventure où, sans me faire injure, on pouvait mettre le tort de mon côté; mais je n'avais garde d'en tomber d'accord; ma mère me plaignit et me parla avec une douceur qui me toucha.

Les âmes zélées pour la gloire de Dieu savent tirer profit de tout; il fut arrêté entre la supérieure et ma mère, qu'ayant eu le malheur de scandaliser, quoiqu'involontairement, mon prochain, je devais me réconcilier avec le père des miséricordes et m'approcher du très-saint sacrement de la pénitence. On me fit là-dessus bien des exhortations.

Ma mère m'avait presque convertie par ses sermons; cependant, la peine que je sentais à avouer mes fautes aurait dû me faire douter de ma conversion, et le père Jérôme m'en arrachait la confession plutôt que je ne la lui faisais. Dieu sait quel plaisir il avait ce vieux pécheur ! Je ne lui en avais jamais tant dit, encore ne sut-il pas tout, car je ne crois pas que Dieu puisse faire grand crime à une pauvre fille de chercher à se soulager quand elle est pressée; elle ne s'est pas faite elle-même; est-ce sa faute si elle a des désirs, si elle est amoureuse? Est-ce sa faute si elle n'a pas un mari pour la contenter? Elle cherche à apaiser les désirs qui la dévorent, le feu qui la brûle; elle se sert des moyens que la nature lui donne, rien de moins criminel.

Malgré les petits mystères que j'avais faits au père Jérôme, je ne laissais pas d'être pénétrée. Etait-ce repentir? Non, la véritable cause était le refus que le père avait fait de me donner l'absolution. Je craignais qu'il ne fournît une nouvelle matière à la médisance. J'en étais touchée jusqu'aux larmes. Je craignais qu'en allant offrir ma confession aux yeux de mes ennemies, je ne leur donnasse un nouveau sujet de triomphe. J'allai me placer sur un prie-dieu, vis-à-vis de l'autel; mes pleurs m'assoupirent, je m'endormis. J'eus pendant mon sommeil le rêve le plus charmant : je songeais que j'étais avec Verland, qu'il me pressait; je me prêtais à tous les mouvements; il portait ses mains sur toutes les parties de mon

corps, les baisait; l'excès du plaisir m'éveilla. J'é-
tais réellement dans les bras d'un homme; encore
tout occupée des délices de mon songe, je crus
que mon bonheur changeait l'illusion en réalité;
je crus être avec mon amant; ce n'était pas lui.On
me tenait étroitement embrassée par derrière. Au
moment ou j'ouvris les yeux, je les fermai de
plaisir, et je n'eus pas la force de regarder celui
qui me le donnait. Il soupirait, je soupirais aussi;
il s'abandonna bientôt entièrement au plaisir, il
était comme mort; je me sentis en même temps
enivrée de délices si grandes que je tombai sans
mouvement sur mon prie-dieu.

Hélas! ce plaisir finit trop tôt. Je fus saisie de
frayeur en pensant que j'étais seule dans le fond
d'une église; avec qui? je ne le savais pas, je
n'osais m'en éclaircir, je n'osais remuer; je fer--
mais les yeux, je tremblais; mon tremblement redoubla encore quand je sentis qu'on pressait ma
main et qu'on la baisait; le saisissement m'empêcha de la retirer; je n'en avais pas la hardiesse;
mais je me rassurai un peu en entendant dire à
mes oreilles, d'une voix basse : Ne craignez rien,
c'est moi. Cette voix, que je me souvenais confusément d'avoir entendue, me rassura, et j'eus la

force de demander qui c'était, sans pourtant avoir celle de regarder. Eh! c'est Martin, me répondit-on, le valet du père Jérôme. Cette déclaration dissipa ma frayeur; je ne craignis plus de lever les yeux; je le reconnus. Martin était un blond, éveillé, joli, amoureux; ah! qu'il l'était! il tremblait à son tour et attendait ma réponse pour fuir ou me baiser encore. Je ne lui en fis pas, mais je le regardai d'un air riant, avec des yeux qui se ressentaient encore du plaisir que je venais de goûter. Il vit bien que n'était pas un signe de colere; il se jeta dans mes bras avec passion; je le reçus de même, et sans penser que quelqu'un s'apercevant que je manquais dans le couvent pourrait venir et nous trouver ensemble... Le dirai-je? l'amour rend tout excusable; sans respect pour l'autel devant lequel nous étions, nous nous livrâmes de nouveau aux plaisirs.

Enfin, après tous ces ébats amoureux je me retirai dans ma chambre; je me couchai et je dormis d'un sommeil qui ne fut interrompu que par des songes charmants qui me rappelaient les délices que j'avais goûtées.

On ne me dit rien le lendemain sur mon absence; on la regarda comme un ressentiment du

traitement que l'on m'avait fait subir. Je gardai un air fier qui confirma cette pensée. J'assistai comme les autres à l'office; toutes mes compagnes communièrent, moi je ne communiai pas; et à dire vrai, je m'étais mise au-dessus de la honte de suivre leur exemple. L'amour dissipe bien des préjugés; la présence de mon petit amant, que je voyais rôder dans l'église, me dédommageait assez; plus d'une, parmi mes compagnes, aurait bien quitté au même prix la nourriture spirituelle où elles couraient.

Je jetais sur mon amant plus de regards amoureux que je n'en jetais de dévotion sur l'autel. Aux yeux d'une femme du monde, Martin n'aurait été qu'un polisson; à mes yeux, c'était l'amour même; il en avait la jeunesse, il en avait toutes les grâces; la connaissance de son mérite passé me faisait passer légèrement sur la négligence de son extérieur; je m'aperçus cependant qu'il s'était accommodé ce jour-là, et qu'il tâchait de se donner meilleur air qu'à l'ordinaire. Je lui sus bon gré de son attention, que j'aimais mieux attribuer à l'envie de me plaire qu'au mérite de la fête qu'on célébrait. Rien n'échappe aux yeux d'une amante. Je le voyais qui jetait les yeux du côté des pensionnaires et tâchait de me découvrir. Je ne voulais pas qu'il me reconnût; j'avais soin de me cacher, mais j'aurais été fâchée qu'il n'eût pas pris cette peine inutile; il faut l'avouer, j'en étais amoureuse à la rage. Je lui avais promis de revenir à minuit dans l'église, et j'attendais avec impatience que la nuit fût venue pour tenir la parole que je lui avais donnée.

Elle vint enfin cette nuit si ardemment souhaitée; minuit sonna. Ah! que je sentis alors de trouble; je ne traversai le corridor qu'en tremblant, et quoique tout le monde fût enfoncé dans le sommeil, je croyais tous les yeux ouverts sur moi. Je n'avais pour me conduire d'autre lumière que celle de l'amour. Ah! disais-je en marchant à tâtons dans l'obscurité, si Martin m'avait manqué de parole, j'en mourrais de douleur. Il était au rendez-vous, mon cher Martin, aussi amoureux, aussi impatient que j'avais été ponctuelle. J'étais vêtue fort légèrement; il faisait chaud, et je m'étais aperçue la veille que les jupes, les corsets, les mouchoirs de gorge, tout cela était embarrassant. Sitôt que je sentis la porte ouverte, un tressaillement de joie me coupa la parole; je ne la recouvrai que pour appeler mon cher Martin à voix basse; il m'attendait; il courut dans mes bras, il me baisait; je lui rendais caresses pour caresses. Nous nous tînmes étroitement serrés, mais revenant de ces premiers mouvements de notre joie, nous cherchâmes réciproquement à en exciter de plus grands; je portai la main à la source de mes plaisirs; il porta la sienne où il savait que je l'attendais avec impatience. Il fut bientôt en état de la contenter; il se déshabilla, et me fit un lit de ses habits. Je me couchai dessus; nos plaisirs se succédèrent pendant deux heures avec rapidité, avec des renouvellements de vivacité qui ne laissaient pas le temps de les désirer. Nous nous y livrions comme si nous eussions dû ne plus en goûter. Dans le feu du plaisir, on ne songe guère aux moyens de l'entretenir; l'ardeur de Martin ne répondait pas à la mienne; il fallut s'arracher des bras de l'amour, il fallut se retirer.

Notre bonheur ne dura guère plus d'un mois, et j'y comprends le temps que la nécessité faisait donner au repos. Quoiqu'il ne fût pas rempli par le plaisir de voir mon amant, il l'était par celui de penser à lui et par les agréables idées que sa présence ramenait. Ah! que les nuits heureuses que j'ai passées dans ses bras ont coulé rapide-

ment, et que celles qui les ont suivies ont été longues!

Mais si les plaisirs que j'avais goûtés étaient dé-
licieux, l'inquiétude qui les suivit me les fit payer
bien cher. Que je me repentis d'avoir été trop
amoureuse! Les sujets de ma faiblesse se présen-
tèrent à mon imagination avec des circonstances
affreuses; je pleurai, je gémis. Je m'aperçus que
mes règles ne coulaient plus; il y avait huit jours
que le temps de les avoir était passé; elles ne paraissaient pas; j'en fus surprise. J'avais souvent ouï
dire que cette interruption était un signe de gros-
sesse; j'étais continuellement attaquée de maux de
cœur, de faiblesses. Ah! m'écriai-je, il n'est que
trop vrai! Malheureuse, hélas! je le sens, il n'en
faut plus douter, je suis grosse! Un torrent de
larmes succédait à ces accablantes réflexions. La
découverte que j'avais faite ne m'empêchait pas
d'aller toujours à nos rendez-vous; j'étais tremblante, mais j'étais encore plus amoureuse; le
poids victorieux du plaisir m'entraînait ; qu'en
peut-il arriver davantage? mon malheur est à son
comble, que ce qui me l'a causé serve du moins à
m'en consoler.

Une nuit, après avoir reçu de Martin ces témoignages d'un amour ordinaire qui ne se ralentissait pas, il s'aperçut que je soupirais tristement, que ma main, que je tenais dans la sienne, était tremblante (quand ma passion était satisfaite, l'inquiétude reprenait dans mon cœur la place que l'amour y occupait un moment avant) ; il me demanda avec empressement la cause de mon agitation, et se plaignait tendrement du mystère que je lui faisais de mes peines.—Ah! Martin, lui dis-je, tu m'as perdue! Ne dis pas que mon amour pour toi ne sois plus le même, j'en porte dans mon sein une preuve qui me désespère : je suis grosse! Une pareille nouvelle le surprit. L'étonnement fit place à une profonde rêverie, je ne savais qu'en penser. Martin était toute mon espérance dans cette circonstance cruelle; il balançait, que devais-je espérer? Peut-être, disais-je, abattue par son silence, peut-être médite-t-il sa fuite? il va m'abandonner à mon désespoir. Ah ! qu'il reste, j'aime mieux perdre la vie en l'aimant que mourir faute de le haïr. Je versais des larmes, il s'en aperçut. Aussi tendre, aussi fidèle que je craignais de le voir perfide, tandis que je le croyais occupé à se dérober à mon amour, il ne l'était que de celui de tarir mes pleurs en me dé-

livrant de leurs causes. Il m'annonça, en m'embrassant avec tendresse, qu'il en avait trouvé le
moyen. La joie que me causa cette promesse n'é-
gala pas celle de m'être trompée sur mes soupçons : il me rendait la vie.

Charmée des assurances qu'il me donnait, je fus
curieuse de savoir quel était le moyen qu'il pré-
tendait employer pour me délivrer de mon fardeau ; il me dit qu'il voulait me donner une bois-
son qui était dans le cabinet de son maître et dont
la mère Sophie avait fait l'expérience avant moi.
Je voulus savoir ce que le père Jérôme pouvait
avoir de particulier avec cette mère; je la haïssais
mortellement, parce qu'elle avait paru une des
plus animées contre moi le jour de l'aventure de
la grille. Je l'avais toujours prise pour une ves-
tale : que je me trompais ! D'autant plus sévère
qu'elle savait mieux déguiser son caractère vicieux, qu'elle voilait sous les apparences de la
vertu ses inclinations corrompues, elle était en
intrigues réglée avec le père Jérôme. Martin m'en
apprit toutes les circonstances : il me dit qu'en fu-
retant dans les papiers de son maître elle avait
trouvé une lettre où elle lui marquait qu'elle se
trouvait pour l'avoir trop écouté, dans le même

embarras où je me trouvais pour avoir trop écouté Martin; que le père lui avait envoyé une petite fiole de cette liqueur dont je devais user : que la mère en recevant le présent avait paru être transportée de joie et qu'il avait trouvé une seconde lettre par laquelle elle marquait à son vieil amant que la liqueur avait fait des merveilles, et qu'elle était prête à recommencer.—Ah! mon cher ami, dis-je à Martin, apporte-moi dès demain cette liqueur, tu me tireras de toutes mes peines, et portant mes vues plus loin je crus, que par le moyen de ces lettres, je pourrais servir ma vengeance et ma haine contre la mère Sophie; je les demandai à Martin, qui, ne sentant pas combien cette imprudence nous coûterait cher, crut me marquer son amour en me les apportant le lendemain avec ce qu'il m'avait promis.

J'avais fait la réflexion que la lumière pourrait me trahir, si on l'apercevait dans ma chambre à pareille heure. Je modérai l'impatience où j'étais de lire les lettres de la mère; j'attendis que le jour parut; il vint; je lus; elles étaient écrites d'un style passionné, et aussi peu mesuré que la figure et les manières de celle qui les avait écrites l'étaient beaucoup; elle y peignait sa fureur amou-

reuse avec des traits, avec des expressions dont
je ne l'aurais jamais crue capable; enfin elle ne se
gênait pas, parce qu'elle comptait que le père Jérôme aurait la précaution, comme elle le lui marquait, de brûler ses lettres. Il avait eu l'imprudence de n'en rien faire, et je triomphai. Je songeai longtemps de quelle manière je devais me
servir de ces lettres pour perdre mon ennemie.
Les rendre moi-même à la supérieure, c'était une
démarche trop dangereuse pour moi; il aurait
fallu rendre compte de la façon dont je les avais
eues; les faire rendre par quelqu'un, ç'aurait été
l'exposer à des questions dont le résultat n'eût
peut-être pas été à son honneur et qui aurait pu
entraîner ma perte. Je choisis un autre parti, ce
fut de les porter moi-même à la porte de la supérieure, au moment que je saurais qu'elle devait
rentrer.

Je m'arrêtai à cette idée; imprudente que j'é-
tais! je devais brûler ces lettres. Que de chagrins
je m'apprêtais, je m'enlevais mon amant ! Cette
réflexion, si elle me fût venue, aurait éteint mon
ressentiment. Quelque douceur que la vengeance
me présentât, aurait-elle un moment balancé la
douleur de perdre Martin? Non, il m'était mille

fois plus précieux que celui qui me flattait le plus
dans ce moment. Je ne remis l'exécution de mon
projet que jusqu'au temps que je serais hors de
danger. Je le fus bientôt. J'avais demandé à Martin une trève de huit jours; elle n'était pas encore
expirée. Je crus pouvoir alors exécuter le dessein
que j'avais formé; il eut tout l'effet que j'en pouvais attendre. La supérieure trouva les lettres, fit
venir la mère Sophie et la convainquit. Peut-être
la réflexion eut-elle obtenu sa grâce, si un crime
plus grand, et que les femmes ne pardonnent jamais, la rivalité, n'eût rendu sa punition nécessaire pour le repos de la supérieure. Une fille qui
a acquis quelques connaissances dans les mystères
de l'amour voit clair dans une injure. Si les objets lui manquent, l'imagination y supplée; elle
s'aigrit des difficultés qu'on lui oppose, elle perce
et va quelquefois plus loin que la réalité; mais
avec un homme du caractère du père Jérôme,
avec une femme du caractère de la supérieure, je
craignais moins d'en trop penser que de n'en
pas penser assez. La liaison qui régnait entre eux
ne me laissait pas douter que le directeur ne
partageât secrètement ses consolations spirituelles
entre elle et la mère Sophie. La promptitude du

châtiment de celle-ci confirma mes soupçons; elle alla bientôt expier dans la solitude d'une chambre obscure le crime de m'avoir déplu et d'avoir voulu enlever à la supérieure le cœur d'un amant confirmé dans ses bonnes grâces.

Je ne fus pas longtemps à me repentir de ce que j'avais fait. Je m'étais toujours flattée que l'orage ne tomberait que sur la mère Sophie, il alla plus loin. Le directeur, outré de se voir enlever sa maîtresse favorite, soupçonna mon amant d'être la cause de son malheur; il ne pouvait sacrifier que lui à son ressentiment; il le fit, le chassa, et je ne l'ai pas revu depuis.

CHAPITRE III.

Couvent des religieuses de St-Éloi, à Paris.

Ce couvent, ayant une église, était situé sur l'emplacement des ci-devant Barnabites. Ce monastère, anciennement abbaye de Saint Martial, avait, comme il a été dit, changé de nom, d'habi-

tants et de maîtres. La conduite déréglée des religieuses qui l'occupaient les en fit chasser.

Ce fut Galou, évêque de Paris, qui opéra ce
changement. Les religieuses de cette abbaye, suivant la charte de Philippe Ier, rapportée par Feli-
bien, t. 3 p. 55, se livraient sans précaution, sans
pudeur, aux excès de la fornication; méprisant
tous les conseils, toutes les corrections, elles per-
sistaient publiquement dans leurs désordres et
profanaient le temple du Seigneur par leur libertinage accoutumé.

CHAPITRE IV.

Couvent des Béguines, depuis appelé Ave Maria, à Paris.

Ce couvent des Béguines fut fondé vers l'an
1264, par saint Louis, qui acheta d'Etienne, abbé
de Tiron, un emplacement pour y établir des
Béguines. Dans la vie du Roi, par le confesseur de
la reine Marguerite, on lit : De Rechief il fonda la
maison des Béguines de Paris, de lez la porte de

Barbéel. Il fonda plusieurs autres couvents de Béguines. Ces religieuses n'étaient pas cloîtrées ; elles pouvaient quitter leur maison pour se marier et ne faisaient point de vœux; elles composaient une communauté de filles dévotes soumises à une règle que l'on ne connaît pas.

Thomas de Chantpré parle de leurs mœurs et de leur piété avec l'éloge que méritent presque toutes les institutions naissantes. D'autres auteurs qui ont écrit un peu plus tard, sur la fin du treizième siècle, feraient croire que la première ferveur de ces béguines était déjà éteinte. Rutebœuf nous les représente comme des femmes inconstantes, qui renoncent facilement à leur communauté pour prendre un époux. Il suffit, dit-il, de porter le visage baissé et de très-larges robes pour être béguine. Il parle en divers endroits peu avantageusement de leurs mœurs. Je rapporterai de ce poète le couplet suivant :

> Béguines a ou mont (au monde)
> Qui larges robes ont,
> Desous lor robes font
> Ce que pas ne vous dis ;
> Papelard et béguine
> Ont le siècle honi.

Sous Louis XI ces béguines n'étaient pas en meilleure réputation. Le poëte Villon leur fait dans son testament, ainsi qu'aux moines mendiants, un legs que voici :

> Item aux frères mendiants,
> Aux dévotes et aux béguines,
> Tant de Paris que d'Orléans,
> Tant turlupins que turlupines,
> De grasses soupines jacobines
> Et flans leur fait obations,
> Et puis après soubz les courtines
> Parler de contemplation.

Ces béguines qui, dès l'origine, étaient, dit-on, au nombre de quatre cents, se trouvèrent en 1471 réduites à trois. On ne connaît point la cause de cette étrange dépopulation. Louis XI y établit un autre ordre de religieuses, appelé *de la tierce ordre, pénitence et observance de monsieur saint François,* et voulut que cette nouvelle communauté fût nommée *Ave Maria.*

CHAPITRE V.

Abbaye de Clugny ou Cluny et religieuses du Paraclet.

Guillaume de Poitiers, moine de Clugny, prieur de la Charité, évêque de Langres, prélat guerrier, eut quatre enfants, pendant qu'il était moine, d'une femme appelée Marguerite, et de quelques autres. Il ne craignit pas d'avouer en public ses dérèglements en demandant au Roi la légitimation de ses bâtards.

Son frère, Henri de Poitiers, aussi prélat guerrier, évêque de Troyes, eut plusieurs enfants d'une religieuse du Paraclet, appelée Jeanne de Chénerye, et, sans crainte de publier son incontinence et celle de cette religieuse, il parvint à obtenir la légitimation de ses enfants naturels.

CHAPITRE VI.

Capucinière de la rue St-Honoré.

De toutes les capucinières de France, celle de la rue St-Honoré, à Paris, était la plus considérable, la plus vaste. On y comptait cent et vingt religieux de cet ordre, qui se montrèrent, sinon les plus subtils, du moins les plus zélés défenseurs de la cour de Rome.

Leur église était soigneusement ornée. On y voyait un beau tableau de La Hire, un autre de Robert, et un Christ mourant, peint par Lesueur. Le frère Léonor, dont nous avons parlé, était de cette capucinière.

Deux capucins célèbres dans les affaires politiques habitèrent cette maison, et furent enterrés dans son église : Henri, duc de Joyeuse, dit le père Ange, et Joseph Leclerc, fameux sous le nom de père Joseph. Après avoir perdu son épouse, morte par un excès de dévotion, le duc de Joyeuse de désespoir se fit capucin. Dans la suite, deux de ses frères furent tués à la bataille de Coutras ; un troisième se noya dans le Tara. Ces événements déterminèrent le père Ange à quitter le froc pour prendre le casque. De capucin qu'il était, il redevint militaire, fit la guerre au roi Henri IV, et lorsque ce roi fut monté sur le trône, il lui vendit bassement sa soumission au prix d'un titre de maréchal de France. Il était souvent l'objet des plaisanteries de ce prince, d'humeur caustique. Un jour que le duc de Joyeuse, placé avec le roi sur le balcon du Louvre, attirait les regards de quelques gens du peuple, le prince lui dit : *Mon cousin, vous ignorez sans doute le motif de la surprise de ces bonnes gens, c'est de voir ensemble un renégat et un apostat.* Ces paroles firent un puissant effet sur l'esprit mobile de ce seigneur ; il se retira brusquement aux capucins et redevint père Ange. C'est de lui que Voltaire dit dans la *Henriade :*

Vicieux, vaniteux, courtisan, solitaire,
Il prit, quitta, reprit la cuirasse et la haire.

Auprès de la tombe de cet homme inconstant était celle du terrible frère Joseph, qui fut peut-être le plus intrigant, le plus audacieux des moines. Fécond en ressources, le père Joseph, sous un extérieur de pénitence qui éloignait le soupçon, fortifia par ses conseils le cardinal Richelieu dans sa marche audacieuse, le seconda par ses sourdes menées, par son espionnage, tendant dans tous ses projets à la destruction de tous ses ennemis et à l'affermissement de son pouvoir absolu. On a même écrit que le génie du capucin maîtrisait souvent la politique du cardinal.

CHAPITRE VII.

Même monastère de Paris.

LES SECRETS DU CABINET NOIR.

Le Père Jérôme gardien, et le Père Durolet.

Un soir, après vêpres, le père Jérôme, gardien des capucins de la maison de Paris, sortit avec le père Durolet, qui avait prononcé ses vœux depuis peu. Ils rencontrèrent deux jolies personnes, qui les conduisirent sans grand mystère dans un petit appartement, rue St-Honoré, près de l'église St-

Roch, dont elles avaient la clef. Le père Jérôme fut étonné de le trouver tenu avec beaucoup plus de propreté qu'il ne l'avait jamais vu jusqu'alors. Au lieu des gravures dignes de l'Arétin, les images des bienheureux; sur des tables où il avait feuilleté autrefois des livres plus que gais, se trouvaient *la Bible, les Sermons du père Bourdaloue* et *l'Armée chrétienne*. — Et que diable ! je me croirais chez une dévote, dit le gardien, si je ne savais pas à n'en pouvoir douter qui vous êtes. — Nous avons pris ce parti, reprit Rosalie, pour nous mettre à l'abri de toutes les recherches; et d'ailleurs, nous nous croyons assez jolies pour n'avoir pas besoin d'objets capables d'allumer l'imagination. — Tu as raison, dit le père en lui appliquant un baiser fort tendre. Durolet crut qu'il était de la politesse d'en faire autant à sa compagne, qui la valait bien. — Ah ça, petite, il faut nous avoir une collation digne de tes convives, car mon neveu est aussi bon vivant que moi. En disant cela, il jette un louis sur la table, et Nicette (c'était le nom de celle qu'il paraissait que Sa Révérence cédait au jeune profès) alla chez le traiteur voisin et fit apporter une poularde, des maquereaux, des petits pois, des fraises, des fruits d'amour, du

vin de champagne et des liqueurs. Le repas fut fort gai, et Durolet vit bientôt que la partie serait complète.

On était dans les premiers jours du mois de mai; l'appartement était peu éclairé, et des jalousies le rendaient plus sombre. Les bons pères avaient bu très-amplement de champagne et différents autres vins. Deux lits d'une propreté extrême et qui paraissaient excellents les invitaient au repos. Le père Jérôme dit à Rosalie de fermer les rideaux, et les voilà en moins de rien déshabillés par les mains des grâces, qui les invitèrent à prendre place auprès d'elles. Ils veillèrent, plus par politesse pour elles que par plaisir, environ un quart d'heure, et, entraînés par la fumée du vin, ils s'endormirent profondément. A peine étaient-ils ensevelis dans les bras de Morphée que nos donzelles se glissèrent doucement hors du lit, s'habillèrent à petit bruit et s'en allèrent. Sur les neuf heures du soir, comme ils l'ont su depuis (car ils n'avaient pas compté les heures dans un très-bon lit, dont les draps frais et parfumés rafraîchissaient la peau des deux bons pères), mademoiselle Burlet, respectable dévote, qui était la véritable maîtresse du logis, entre dans sa chambre et va donner dans la table qui était au milieu, la renverse et entend le bruit des bouteilles et des verres qui tombent et se cassent, ainsi que les assiettes et les plats. — Qu'est-ce que cela, mon doux Jésus? Comment! ma sœur est sortie sans ôter notre couvert? Pourquoi donc alors n'est-elle pas venue au sermon avec moi? — Elle marche avec précaution, va à une petite armoire qui était contre sa cheminée, en tire un briquet et allume une bougie. Quelle fut sa surprise de trouver sur le plancher les débris de la collation, mais surtout cinq ou six bouteilles vides! Que vois-je! qui a pu boire ce vin? Voilà encore quatre chaises autour de la table. Comment! ma sœur m'a fait un semblable mystère. Ah! je ne suis pas surprise qu'elle m'ait engagée à aller passer la soirée chez madame Aleanus, parce qu'elle irait chez notre vieille tante qui demeure à la porte St-Antoine. Mais qu'est-ce que cela signifie? Est-ce qu'elle voudrait se marier? Boire entre quatre six bouteilles de vin! manger une poularde! C'est inconcevable; elle a perdu l'esprit. Ah! qu'elle ne croie pas que je souffre une pareille inconduite, moi, sa sœur aînée, obligée devant Dieu et devant les hommes de répondre d'elle. On sait que la gente dévote prétend être chargée des fautes de tout ce qui les entoure et s'occupe peu des siennes. En disant cela, elle écumait d'une sainte colère, et son œil (car la pauvre fille en avait perdu un par la petite vérole) était étincelant. Si sa sœur était rentrée à cet instant, elle aurait bien pu lui arracher les deux yeux, mais elle médita une autre vengeance. *Rien n'est si amer que le fiel des dévots.*

Elle regarda à sa pendule, et voyant qu'il était près de dix heures, qu'ainsi sa sœur ne tarderait pas à rentrer, elle se déshabilla promptement, fléchit un moment le genou devant son oratoire, poussa les verrous, souffla sa chandelle et alla droit au lit. Elle voulut ouvrir la couverture, mais le gardien la remonta sur ses épaules; ce mouvement lui parut extraordinaire; elle porta ses mains, et sentant une figure humaine, elle crut que c'était sa sœur. Croyant alors s'être trompée de lit, elle alla à l'autre; mais à peine eut-elle porté sa main pour ôter la couverture, que le jeune Durolet, qui avait moins célébré Bacchus que son confrère et qui se ressouvenait confusément des charmes de Nicette, qu'il se reprochait de n'avoir pas mieux fêtée, se saisit du bras de la dévote, qui fit alors un cri.—Quoi! ma Nicette, que veut dire

cet effroi? viens, réparons des moments perdus. —
Ciel! qu'est-ce que j'entends? s'écria mademoiselle
Burlet, qui vous a mis là, homme ou diable? —
Mais c'est toi, petite friponne. — Moi? ah! vous
osez dire. Ma sœur, ma sœur, mais réveillez-vous
donc, ma sœur. — Mais non, Nicette, laissez-la
dormir. Mon oncle dort aussi, chacun s'arrange
comme il peut; mais pense que moi je n'ai que
vingt-quatre ans, et que mon oncle en a cinquan-
te. Viens, chere amie, profite du moment des
plaisirs que ma jeunesse peut t'offrir. En disant
cela, il attirait la dévote doucement à lui. Celle-
ci ne cessait de crier à tue-tête : ma sœur, ma
sœur; et on peut dire que c'était son bon ange
qui lui donnait la force de crier, car elle se sentait si émue de crainte, de plaisir, qu'elle aurait
volontiers gardé le silence. Cependant, elle criait
toujours plus fort : ma sœur, ma sœur, de sorte
qu'enfin le prieur se réveilla. — Que diable fais-tu
donc à Nicette, s'écria-t-il avec une voix de ton-
nerre, pour qu'elle appelle sa sœur? — Jésus, Maria!
dit en tremblant mademoiselle Burlet, ils sont
deux, peut-être trois; je suis perdue. — Mais non,
tu ne l'es pas, ma petite, puisque je te tiens dans
mes bras. Tu as donc fait un mauvais rève? — Ah

ça, taisez vous, reprit le père gardien, car je veux dormir. Eh! mais, où es-tu donc, Rosalie? Par un hasard assez singulier, Rosalie était aussi le nom de la sœur de la dévote.—Rosalie! s'écria cette digne fille; quoi, suppôt de l'enfer, ma sœur est couchée avec vous!—Et pourquoi ne le serait-elle pas? mais elle est folle celle-là; il me semble que quand on vient chez vous, douce prêtresse de la déesse de Cythère, ce n'est pas pour dire son chapelet.—Ah! ciel, qu'entends-je, est-il possible? Rosalie couchée avec un homme!—Mais tu perds l'esprit, mon enfant, reprenait Durolet en faisant de nouveaux efforts pour attirer notre sainte sur son lit... ah! laisse ta sœur avec mon oncle; je te le répète, tu n'auras pas la plus mauvaise part. —Mais enfin, ange des ténèbres, aurez-vous bientôt fini vos horribles tentations? Ah! sainte Brigitte, venez à mon secours.—Va, nous n'en avons pas besoin, l'amour nous suffit.

Pendant ces débats, mademoiselle Rosalie Burlet revint avant dix heures, comme elle l'avait dit à sa sœur, et mettant la clef dans la serrure, elle est étonnée de ne pouvoir ouvrir, d'autant plus qu'elle entendait parler dans la chambre.—Ma sœur, ma sœur, s'écrie-t-elle, ouvrez-moi donc.—Est-ce toi,

Rosalie?—Ah! mon Dieu, oui, c'est moi.—Ah! voilà l'énigme, dit le moine, la coquine aura profité de mon sommeil pour aller à quelque rendez-vous. Je m'en vais lui ouvrir. Il se jeta au bas du lit, tandis que Durolet tenait toujours par les mains l'obstinée dévote; mais qu'on se figure l'étonnement de l'autre sœur en voyant, à la lueur de sa petite lanterne de papier, un homme en chemise venir lui ouvrir la porte.—Ah! Jésus Maria! que vois-je? au secours! au voleur! et aussitôt toute la maison d'accourir. Le gardien, tout aguerri qu'il était à ces aventures, sentit que celle-ci pouvait avoir des inconvénients, car il ne pouvait douter qu'on allât chercher le commissaire; il aurait bien voulu se sauver, mais bientôt il fut entouré de toutes les commères, et Rosalie Burlet, qu'il vit n'être pas la très-complaisante Rosalie, lui demanda ce qu'il faisait et de quel droit il se trouvait chez elle. Mais lui, se retournant, ne put s'empêcher de rire, voyant Marianne et non Nicette, que Durolet n'avait point lâchée. Les voisines éclairaient la laideur effroyable de celle que Durolet avait si fortement pressée par de vains transports; celle-ci frémit du tour que le diable avait pensé lui jouer.—Pardon, pardon, mademoiselle,

je vois que je me suis trompé.—Ah! ah! dit la dévote, qui se trouvait en force, vous êtes des vo-
leurs, des coquins, des misérables, qui m'avez
volée, et qui eussiez fait bien pis, peut-être, sans
l'arrivée de ma sœur.—Oh! vous avoir volée, je
vous assure que non. Mais, parbleu, l'aventure
est comique. Nous sommes venus faire ici un souper, coucher avec deux filles charmantes; et en
verité, ce n'est ni vous ni votre sœur. — Mais
voyez les impertinents, répond Rosalie Burlet,
qui, malgré sa dévotion, n'était pas sans préten-
tion.—Les moines voulaient alors s'en aller, et
cherchaient leurs habits sans pouvoir les trouver.
Le gardien avait vingt-cinq louis dans sa poche,
une montre, une tabatière d'or; tout avait dis-
paru.— Ah ça, dit-il, qui de nous est volé, c'est
bien certainement nous, car nous ne sommes pas
venus en chemise, et c'est tout ce qui nous reste.
— Oui, à présent, dites que c'est nous qui avons
pris vos habits.—Si ce n'est pas vous, ce sont vos
associés.—Pendant ce temps-là, le commissaire
Duverger entra.—Qu'est-ce que tout ce bruit? Eh!
mais ce sont mesdemoiselles Burlet, dont j'ai in-
finiment connu le père.—Eh! monsieur, voyez ce
qui nous arrive; et elles lui racontèrent leur dou-

loureuse aventure. Durolet, à l'arrivée du commissaire, se tapit dans ses draps. Le gardien, fièrement en chemise au milieu de la chambre, ressemblait au père Jean par son audace.—Monsieur le commissaire, nous sommes deux nouveaux débarqués; nous avons rencontré deux filles très-jolies, qui nous ont engagés à venir chez elles; nous les avons très-imprudemment suivies; comme nous avions passé trois nuits dans la diligence, nous étions fatigués, nous nous sommes couchés, et pendant notre sommeil ces coquines nous ont tout enlevé, et il se trouve que mesdemoiselles Burlet sont rentrées chez elles, à ce qu'elles disent.—Et c'est très-certain, s'écria tout le troupeau femelle.—Cela peut être, mais nous n'en sommes pas moins dévalisés. — Vos noms? dit le commissaire.—Paulet, Jacques-Martin, marchands de bois à Rouen.—Vos papiers?—Allez les demander, dit Jérôme, à celles qui ont pris nos habits. —Je commence à démêler le mystère, dit le magistrat; vous êtes, mesdemoiselles, nouvellement emménagées ici?—Il y a quinze jours.—Les princesses qui y demeuraient avant vous auront gardé une clef.—Voilà le fin mot, dit le propriétaire.— Mademoiselle, pardon de la peur que nous vous avons causée, mais nous en sommes bien punis, puisque nous avons perdu nos habits, notre argent et nos bijoux. Mais, monsieur le commissaire, dites que l'on fasse avancer un fiacre, et nous laisserons dormir ces demoiselles.—Le commissaire, voyant que personne ne portait d'autres plaintes, y consentit, et ils se rendirent dans un petit appartement qu'ils avaient cul de-sac du Coq, où ils reprirent leurs habits de capucin, et ils rentrèrent au couvent.

FIN DU PREMIER VOLUME.